국어, 수학, 페미니즘!

학교에서 페미니즘을 필수 교과로 가르쳐보았다

이임주 지음

KB182497

봄알람

차례

일러두기 → 책에 등장하는 학생과 교사의 이름들은 별명이다.

→ 본문 주의 완전한 출처 표기는 참고문헌에서 볼 수 있다.

→ 일부 외래어는 표기법 대신 구어 발음대로 표기했다.

들어가며

궁금했다. 학교의 모든 구성원이 페미니즘을 국어, 수학처럼 당연한 교과목으로 배운다면 학교는 어떤 모습일까? 성차별과 평등을 제대로 배운 아이들은 어떤 세상을 꿈꾸며 살아갈까? 페미니즘이 주요 교과가 될 때 이 교육이 학교 환경을 어떻게 바꿀 수 있을지, 학교 공동체 구성원인 교사, 학생, 양육자들의 삶이 성평등으로 나아갈 수 있을지 궁금했다.

　　페미니즘을 제대로 가르치며 성차별에 침묵하지 않는 교육 공간의 필요와 당위에 관한 논의는 넘쳐난다. 하지만 현실은 어떤가? 20년 이상 성평등 교육에 힘써왔지만 대안학교에서조차 견고한 벽이 존재했다.

페미니즘을 가르치는 교사의 시도는 번번이 염려와 만류에 부딪힌다. 사회의 성차별을 문제 삼고 바로잡기를 주저하는 구조에서 성평등 교육은 명확한 한계를 보였다. 페미니즘을 적극 배우고 실천하고자 하는 아이들이 끝내 소수자가 되었고 차별의 말들에 상처받고 괴로워하는 일이 반복됐다. 손가락질에 지친 여학생이 "선생님, 저 페미니스트라고 말을 못 하겠어요" 하며 자책하듯 토로하는 목소리는 내게 큰 파문을 남겼다. 구조적 불평등을 배우고 삶을 통해 평등을 지향하게 되려면 문제를 스스로 이해하고 자기만의 언어를 찾기까지 시간이 필요하다. 그런데 학교가 그 시간 동안 학생들을 지켜주지 못하고 있었다. 남학생들을 중심으로 이미 놀이문화처럼 자리 잡은 여성혐오와 잘못된 반페미니즘을 단속하고 바로잡기에 역부족이었던 것이다.

그래서 나는 학교를 만들었다. 페미니즘을 기본 가치로서 배우는, 학생 스스로가 평등한 문화를 만들며 살아갈 수 있도록 가르치는, 학생들에게 안전한 울타리가 되어줄 작은 학교다. 페미니스트 학생이 결코 소수자가 되지 않고 자유롭게, 당연한 가치로서 페미니즘을 배우며 성평등한 세상을 꿈꾸기를 바랐다. 동백작은학교가 그렇게 만들어졌다.

참을 수 없었던 페미니스트 교사

나는 2002년부터 현재까지 대안학교 교사로서, 성평등
이슈에 관한 다양한 교육적 활동을 하고 있다. 2005년부터
확산한 '○○녀' 담론은 여성 집단에 대한 비난과 혐오로
빠르게 번졌다. 허구의 여성성과 실존 여성들을 향한
광범위한 조롱이 무분별하게 확산하던 시기를 지나
여성혐오에 대한 사회적 인식이 퍼지고 강남역 여성혐오
살인 사건,• 낙태죄 폐지운동, 미투 등의 흐름을 마주하며
여성들은 그동안 살아오면서 겪었던 차별, 공포, 분노를
표현할 언어를 찾았다. 서로가 보이지 않는 끈으로
연결되어 있으며 '대체 가능한' 피해자들로 존재한다는
인식이 퍼져갔다. 이러한 사회적 사건을 거치며 청소년들도
자신들의 자리에서 동참하고자 하는 움직임이 곳곳에서
일어났다. 이들이 성평등한 주체로 살아갈 수 있도록, 교육
현장에서 제대로 가르쳐야 했다. 그러나 학교에서는 성평등
교육이 중요하게 인식되지 않았다. 성평등·성인지 교육이

• 　2016년 5월 17일 서울 서초구 한 노래방 건물 공용화장실에서 30대 남성
　가해자 김성민이 일면식 없는 20대 여성을 살해한 사건이다. 화장실에
　숨어 있던 가해자가 앞서 온 남성 6명은 그냥 보내고 다음에 들어온 여성을
　대상으로 범행을 저질렀고 '평소 여자들이 무시해서 살해했다'고 주장함에
　따라 여성들은 이 사건을 '여성혐오 범죄'라 명명, 페미사이드(femicide,
　여성살해)에 분노했으나 경찰과 정부가 이를 정신질환 환자의 '묻지마
　살인'이라 규정하면서 사회적 공분이 배가됐다. 가해자 김성민은 징역
　30년에 전자발찌 20년 확정판결을 받고 복역 중이다.

어느 때보다 필요한 시점이었지만 대개 일회성의 형식적인 성교육 강의로 그쳤고 비중 있는 지속적 교육은 이루어지지 않았다.

강남역 여성혐오 살인 사건은 큰 분기였다. 이 사건 당시 여성들이 숨 쉬는 모든 공간이 분노로 채워졌다. 숨 막히는 분노 그 너머의 시간 속에서 많은 페미니스트가 자신의 삶 영역에서 무언가 할 일을 찾았다. 나 역시 그랬다. 뭐라도 해야만 살아낼 것 같았다. 사방이 꽉 막혀 무엇도 빛을 반사하지 않는 칠흑 같은 어둠 속에서 무엇이라도, 모두가 작은 촛불 하나라도 들어야 했던 그때 내가 밝힌 불씨는 페미니즘 교육운동이었다. 나는 교육운동가로서 무엇이라도 해야 했다.

10대들이 대부분의 일상을 보내는 학교는 안전하지 못하다. 여성이라는 이유만으로 일면식도 없는 누군가에게 피살, 폭행, 검증, 불신, 불이익을 당하는 한국 사회에서 여성혐오 범죄는 끊임없이 일어난다. 그런데 이런 사회 환경에서 청소년들은 범죄와 폭력을 향한 분노가 아니라 페미니스트에 대한 혐오를 분별없이 학습하고 표현한다. 페미니즘을 이야기하는 10대들이 혐오의 대상이 되고 여성혐오에 맞설 언어를 찾지 못한 채 힘들어하고 있다.

제대로 된 페미니즘 교육이 반드시 학교에서 이루어져야 한다고 생각했다. 시수를 채우기 위한 간헐적 성교육이 아닌 인권 교육으로서 페미니즘을 주요 교과로 다루어야 한다. 강남역 살인 사건 이후 나는 페미니즘 교육이 필수 교과로 포함되어야 한다고 본격적으로 주장했고 20여 년간 교사로 지낸 간디학교의 구성원들과 치열한 논쟁을 통해 페미니즘을 필수 교육 과정으로 도입하게 되었다. 하지만 점차 한계를 느꼈다. 시간이 갈수록 페미니즘 교육의 보편적 정당성을 세상에 드러내기가 오히려 쉽지 않아졌다.

　나의 선택은 기존의 학교를 넘어선 새로운 교육공동체를 만드는 것이었고, 그리하여 제주에 페미니즘 필수 교육을 전면에 내건 동백작은학교를 열었다. 페미니즘 가치를 보편으로 삼은 다양한 교육 실천을 통해 페미니즘이 우리의 삶에 얼마나 유용한 도구인지 증명하고 싶었다.

동백작은학교는

대안교육기관 동백작은학교는 2021년에 설립되었으며,
'나다움' '우리다움' '조화로움'의 철학을 기반으로 교육
과정이 운영되고 있다. 전체 공동체 인원이 20명이 넘지
않는 작은 학교를 지향하고, 학생들은 전국에서 모집하며,
14세에서 19세의 학생들로 구성되어 있다. 교과서와 학년이
없다. 입시 경쟁을 위한 공부가 아닌 앎과 삶이 일치하는
교육을 중심으로 하고 있다. 대부분 기숙 생활을 하며, 그로
인해 공동체 구성원들의 내적 친밀도가 높은 편이다. 기숙
생활은 필수로 지정하지 않았으나 본가가 가까워 통학할
수 있는 학생들도 기숙사 생활을 선택한 결과, 한 명을
제외하고는 현재 전원 기숙사에서 지낸다. 밤에 숙사에서
노는 시간을 놓치면 "학교 생활의 반이 날아간다!"고
학생들은 말한다.

　　　이전 20여 년간 대안학교 교사로서 쌓아온 경험과
고민을 바탕으로 시작했고, 함께 시작한 구성원 모두
비슷한 가치에 동의했기 때문에 학교 설립 준비 기간은
3개월 정도로 길지 않았다. 학교 시설이나 외형적인 것보다
'마을이 곧 학교'라는 개념으로 동시대에 어떤 가치를

실현할 것인가에 대한 물음이 중요했다. 경쟁 위주의
입시 체제에서 벗어나 자신의 삶을 주체적으로 살아갈
수 있는 힘과 따뜻한 돌봄이 공존하는 청소년 공동체를
꿈꾸며, 제주의 작은 민박집에서 두 명의 교사와 여섯 명의
학생으로 '작은공동체학교'가 시작되었다. 이후 학교의
철학에 동의하고 이 가치에 기반하여 아이를 키우고 싶은
양육자들이 찾아왔고 현재는 학생 15명과 교사 3명으로
운영되고 있다.

청소년 민주시민 공동체 '작은공동체학교'로 시작해
'동백작은학교'가 되었다. 동백작은학교라는 이름은 학생,
양육자, 교사가 함께 모여 정했다. 제주에서 동백이 지닌
상징성˙과 주로 봄에 피어나는 많은 꽃과 달리 추운 겨울
'나답게' 피어난다는 뜻을 담았다. 페미니즘, 민주시민 교육,
기후 위기 대응 행동이라는 시대적 가치 실현에 동의하고
그러한 배움을 얻고자 하는 청소년들이 모여 깊이 있고
자유로운 구성으로 수업을 이어가고 있다.

- 제주에서 동백꽃은 제주 4·3 항쟁에 희생된 영혼들이 붉은 동백꽃처럼
  스러져갔다는 의미를 담고 있다.

'작은' 것의 가치

무엇보다 '작은'이라는 단어에 무수한 가치를 녹여냈다.
거대주의, 물질주의는 동시대 사람들에게 내면화되어 있는
이상이다. 경쟁 중심, 엘리트 중심의 본질적으로 폭력적인
현 구조를 비판적으로 성찰하면서 '작기' 때문에 가능한
가치들을 교육 실험을 통해 세상에 조금씩 실현해내고자
했다.

　　　페미니즘 기반의 교육 실천 또한 작은 학교이기
때문에 가능했다. 페미니즘 교육의 필요성이 분명함에도
제도권 교육에서 이루어지기 어려운 현실을 이미
오랫동안 보고 겪었다. 제도권 학교보다 좀더 자유로운
대안학교에서도 그렇다. 성차별 문제를 기초 인권
교육으로서 다루고 평등을 중요한 가치로 가르치려면
페미니스트 교사가 꼭 필요한데, 문화로서 정착되어 있지
않기에 교사 개인이 학교를 그만두면 늘 페미니즘은 주요
가치에서 밀려난다. 이전 학교에서는 내가 그 교사였다.
꾸준히 본격적인 성평등 수업을 하다가 출산휴가로 1년을
쉬었는데, 그 1년 사이 학교에서 페미니즘 수업이 아예
빠졌다. 그리고 그 1년 사이 교내에서 남학생들의 성범죄

사건이 잇달아 발생했다. 페미니즘 수업이 중지되자마자 일이 난 것도 놀랍지만 나를 더 황망하게 한 것은 당시 학생들에게서 쏟아진 연락들이다. 상상할 수 있는가? 사건 당시 학교의 대처에 분노한 학생들이 출산휴가 중인 페미니스트 선생님을 찾아 "미칠 것 같아요"라며 호소하는 광경을 말이다. 현장에서 끊임없이 기준이 되어주는 교사가 반드시 존재해야 한다는 것을 절감했다. 그리고 '근본적 페미니즘 교육 실천'을 결심했다.

성평등 교육이 보편화되려면 청소년 페미니즘 교육이 모든 학교에서 인권 교육의 기초로 자리 잡을 수 있도록 많은 실천 사례가 필요하며 이를 정책적으로 제도화해야 한다. 대안교육의 태동으로 많은 교육 실험과 변화가 있었지만, 우리 사회는 여전히 식민지 시대부터 100년 동안 보아온 학교라는 틀에서 벗어나지 못하고 있다. 왜 학교는 바뀌지 않는가? 우리는 끊임없이 '왜?'라는 질문을 던져야만 교육 제도 안의 많은 모순을 깨고 당연하던 것이 당연하지 않은 교육으로 나아갈 수 있다.

모두에게 안전한 학교 페미니즘

동시대 한국의 공교육 현실을 우려하지 않는 사람이
있을까? 여러 교육사회학자와 여성주의자들 또한 학교가
성차별적으로 젠더화된 공간이며 구조적 성차별을
재생산한다는 사실에 거듭 문제를 제기해왔다.[*] 더구나
최근 여성혐오 백래시가 학교에도 그대로 작동해 교실은
극심한 여성혐오와 차별의 공간이 되었고 청소년들은
페미니즘을 말하기조차 어려워졌다.

　　교실 문화를 완전히 바꿔야겠다 결심하고 대안교육
청소년 공동체를 설립하기까지, 페미니즘 교육의 구조적
한계에 대한 고민의 과정이 있었다. 이벤트성의 교육으로는
성평등 실천이 일상으로 이어지지 않는다는 것을 이미
겪어왔다. 좀더 다양하고 근본적인 방식으로 페미니즘
교육을 시도하며 성평등이 문화로 자리 잡도록 접근해야
한다. 그리고 학교에서 이 같은 교육이 제대로 운영되려면
양육자, 학생, 교사 삼주체가 함께 교육운동에 동참해야만
한다. 교내에서 청소년들 대상으로는 물론이고 양육자
대상 페미니즘 교육 역시 주기적으로 행하고, 이를 학생과
함께 가정 내에서 나눌 수 있도록 구조가 바뀌어야 한다.

* 　김애라, 2007; 김안나, 2007; 한국여성정책연구원, 2010; 2013; 김수자, 2018.

결국 뜻이 맞는 양육자와 학생들, 교사들이 모여 앎과 삶의 실천이 이어질 수 있는 교육공동체를 만들었다.

동백학교를 만들면서 예견했던 것처럼, 페미니즘 교육이 지속되고 성평등 문화가 정착되기까지는 학생들뿐 아니라 양육자의 수용과 교사들의 전반적인 태도 역시 중요했다. 공교육 현장에서 페미니즘 교육을 실천하는 교사들이 어려움을 호소하는 것도 이 이유다. 양육자들의 반발과 동료 교사들의 불편한 시선, 이미 남학생들 위주로 형성된 반페미니즘 분위기가 견고한 것이다.

대부분의 10대가 많은 시간을 보내는 학교는 반드시 성평등 가치를 체득하는 공간이 되어야 한다. 인권 교육의 한 형태로서 청소년 페미니즘 교육이 이루어져야 하며, 모두가 이 교육을 받을 수 있도록 보장해주어야 한다. 페미니즘은 기본 인권에 대한 이해와 상호 존중의 시작이다. 무엇보다 장기적으로 성평등 가치를 실현하며 살아가기 위한 감수성은 몇 번의 훌륭한 강의를 듣는다고 만들어지는 것이 아니다. 꾸준한 배움과 훈련을 통해 일상의 가치관으로 자리 잡아야 한다.

페미니즘은 이론이자 실천이다. 현실을 아는 일과 현실을 변화시키는 일이 분리되지 않도록 격려하고

자극하며,* 동시에 성차별적 사고방식이 '정의롭지 못함'을
인식하는 데서 그치지 않고 이를 해소하려는 실천을
지속해야 한다.** 즉 학교에서 페미니즘을 기본 가치로
채택한다는 것은 교사와 양육자, 학생들이 기존의 성차별적
문화를 바꿔내기 위한 다양한 실천을 함께 해나간다는
의미다.

더 많이 나누고 더 많이 길어 올리기

페미니즘 교육을 반대하는 많은 이와 싸우기 위해 그리고
뜻하는 교육을 실현해내기 위해 내게도 단단한 언어가
필요했다. 더 배워야 했다. 무엇보다 학생들과 페미니즘
이야기를 더 깊이 나누기 위해, 사회에 분노하는 데
그치지 않고 다른 교과처럼 당연한 배움의 과정으로서의
페미니즘을 학교에 정착시키는 것이 중요했다. NGO대학원
실천여성학과에 입학했지만 녹록지 않은 도전이었다.
일을 하며 공부하기란, 게다가 대안학교 교사처럼 24시간
아이들과 함께 지내는 상황에서 공부를 하기란 쉽지 않았다.

•   전희경, 2013.
••   이진영, 2010.

그러나 배움은 컸다. 다양한 페미니스트의 귀중한 활동들을 새길 수 있는 훌륭한 실천의 장이었다. 사회 곳곳에서 눈물겨운 여성운동을 해나가는 분이 많았다. 일과 병행하며 휴학과 복학을 반복하다 졸업하기까지 장장 5년이 걸렸다. 페미니즘에 대해 한없이 겸손해지고 진지해지는 시간이었다. 논문이라는 마지막 난관에 봉착했지만, 동백작은학교를 만들고 내디뎠던 도전과 실천 사례들을 자산으로 다시 한 걸음 뗄 수 있었다.

동백작은학교의 사례를 중심으로 한 '청소년 페미니즘 교육 실천과 지속 가능성'을 논문 주제로 잡은 뒤, 처음으로 공동체 구성원을 인터뷰하게 되었다. 내 연구를 위해 양육자, 교사, 학생 한 명 한 명에게 도움을 요청해야 했다. 교육자이지만 활동가에 가깝게 살아오면서 누군가에게 부탁을 한 적이 거의 없었음을 깨달았다. 내가 이렇게 청하는 일에 인색한 사람이었던가. 도움을 받는 일이 익숙지 않아 어디라도 숨고 싶을 정도였다. 그러나 청한 결과는 값졌다. 주로 가르치고 이끌던 처지였기에 공동체 구성원들의 이야기를 이렇게 자세히 들어본 것은 처음이었다. 생각지도 못했던 빛나는 말들이 길어 올려졌다.

동백작은학교에 입학하기 전 페미니즘을 혐오했던
한 남학생은 이곳에서 너무 중요한 배움을 얻었음을
털어놓았다. 그는 페미니즘을 배운 뒤 안전함을 느꼈다고
말하며, 왜 (이전의) 학교는 페미니즘을 제대로 가르쳐주지
않았는지에 분노까지 드러내주었다.

양육자들의 관점도 깨달음을 주었다. 이전에는
양육자들과 페미니즘이나 교육 내용에 관해 깊은 이야기를
한 적이 없었다. 어쩌면 나 또한 이 사회에 대한 불신,
페미니즘을 둘러싼 오해와 논쟁에 지쳐 있었는지도 모른다.
양육자들이 페미니즘 교육에 불만이나 반감을 표현할
기회 자체를 최소화하려는 방어 심리이기도 했다. 매년
입학하는 학생들의 양육자들은 성평등 교육을 필수로
받아야 하고 양육자가 페미니즘 교육을 지향하는 경우에만
동백작은학교에 입학할 수 있음에도 관점의 차이는
클 수밖에 없기 때문이다. 하지만 논문을 위해 그들의
목소리를 들으면서 앞으로 나아갈 방향을 이전보다 더
명료하게 잡아나갈 수 있었다.

다양한 분야의 성찰과 실천으로 이어졌던
교사들의 이야기도 이 책에 실려 있다. 어쩌면 학생들의
변화와 성장보다 더 보람되고 뿌듯한 부분이기도

하다. 동백작은학교 동료 교사들의 페미니즘 실천은
우리가 만들어가는 교육 과정 곳곳에 스며들어 있었다.
동백작은학교에서 모든 배움의 시작은 국영수사과로
분리되지 않는 통합적인 가치 교육이다. 필요에 의해
교과목을 분리한 대부분 학교 현장과 달리 이곳에서
페미니즘은 생각지도 못하게 모든 교과에 스며들어
긍정적인 작용을 하고 있었다. 페미니즘 교육은 우리
모두를 살리고 있었다.

　　　페미니즘은 기존의 질서를 답습하는 것이 아닌
남성 중심 사회의 차별에 맞선 주체적인 저항이다. 평등할
권리를 외치며 진정한 민주주의를 실현하는 길이다. 그만큼
일상의 삶과 밀접하게 연결되어 있다. 지속 가능한 성평등
문화를 위해서는 양육자, 교사, 학생 구성원들 각자가
능동적으로 참여해야 한다. 이 책은 제도를 넘어, 우리
시대에 지속 가능한 페미니즘 교육을 실천한 기록이다.
학교에서 페미니즘 교육이 다른 교과처럼 당연한 가치로
인정될 때 교육 현장에서 10대들에게 일어나는 변화와
성장 그리고 그들과 이어진 양육자 및 교사들의 반성과
성찰까지, 성평등 문화가 정착되는 소중한 과정을 담았다.
나의 교육 실험을 담은 이 책이 많은 이에게 읽혀 학교 안

페미니즘 교육의 당위성 담론이 확대되고 대한민국 성평등 교육에 변화를 가져올 수 있기를 기대해본다.

2022년 개정된 교육 과정에서는 '성평등' '성소수자'라는 용어를 삭제했다. 이것이 2024년부터 순차 적용되기 시작했다. 변화의 물결이 거꾸로 흐르고 있는 이 시점에서 나는 동백작은학교를 통해 변함없이 앞으로 걷고자 한다. 나의 페미니스트 페다고지 실험과 도전의 과정을 담은 논문을 소중히 보아준 봄알람 덕분에 세상과 더 많이 나눌 수 있게 되었다. 봄알람 출판사에 감사의 마음을 전한다. 더불어, 공부한다고 바빴던 나의 빈 자리를 기꺼이 기쁘게 채워주었던 나의 동료들 다숲과 개구리에게 깊은 고마움을 전한다.

1장 이상할 것 없는 페미니즘 교육 현장

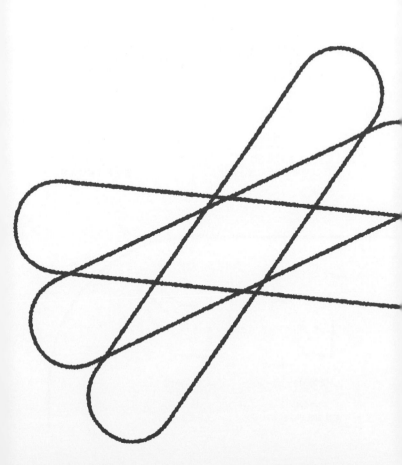

인터뷰 참여자 소개

이임주

페미니스트 교장
구성원 면접을 수행했다

개구리

27세 (남)
6년제 대안학교 출신 교사

다숲

37세 (남)
인권 교육 담당 교사

양육자1

48세 (여)
보건 의료 연구원

양육자2

45세 (남)
노동조합 활동가

상민

14세 (여)
2023학년도 입학

희수

16세 (여)
2021학년도 입학

나우

14세 (남)
2023학년도 입학

은우

15세 (남)
2022학년도 입학

주아

15세 (여)
2024학년도
중3과정으로 편입

우주

17세 (여)
2022학년도
중3 과정으로 편입

하준

18세 (남)
2022학년도
고1 과정으로 편입

동백작은학교에서 페미니즘 수업은 다른 교과목과 동일하게 당연한 배움으로 여겨지고 있다. 이 배움이 동백 구성원의 삶과 연결되어 문화로 정착되어가는 과정을 구성원들의 생생한 이야기를 통해 풀어갈 것이다. 새로운 교육 현장을 위한 '필수 삼주체'인 교사, 학생, 양육자 모두의 목소리를 담았고 학생 역시 여학생과 남학생, 나이별로 고르게 이야기를 들어보았다. 인터뷰를 기회로 의견을 나누는 과정을 참여자들 역시 무척 만족스러워했다.

　　　이야기를 나눈 학생들은 모두 페미니즘 수업을 수강했으며 그중 세 명은 좀 더 심화된 페미니즘 수업 과정을 이수했다. 우주, 하준, 주아는 제도권 학교에 다니다가 편입했고 이들은 성별에 따라 페미니즘에 대한 수용과 거부의 지점들이 달랐다. 우주의 경우 페미니즘을 학교에서 배울 수 있다는 자체만으로 학교라는 공간을 안전하게 인식하고 더 많은 궁금증을 쏟아냈으나, 하준의 경우 입학 초 성평등을 강조하는 학교 문화와 페미니즘에 불만을 드러냈다. 이후 우주와 하준이에게 나타난 인식 변화를 심층 면담을 통해 분석했다. 또한 페미니즘 교육과 관련하여 여성 양육자와 남성 양육자의 관점을 들었다. 양육자 심층 인터뷰를 통해 교육의 지속 가능성에 있어 양육자의 역할을 다시 생각할 수 있었다.

　　나를 제외한 두 교사 다숲과 개구리는 남성이다.
이 교사들이 학교 페미니즘 교육을 어떻게 인식하고
있으며 이것이 수업 구성에 어떤 방식으로 반영되는지도
탐색해보았다.

"페미니즘을 왜 배워?"

페미니즘을 왜 배우는가? 이는 한 학생이 제도권 학교에
다닐 무렵 동급생에게 직접 들은 질문이다. 주아는 동백에
입학하기 전부터 페미니즘에 관심이 있던 학생으로,
중학교를 다니다가 2024년에 동백작은학교에 편입했다.

> 제도권 학교에 다닐 때는 페미니즘이라는 것이
> 뭔지 아는 사람이 한 명도 없었어요. 단어만
> 알고 뜻은 전혀 모르는 상태에서, 인터넷에서
> 페미니즘이 안 좋게 쓰이다 보니 그냥 거의 욕으로
> 썼어요. '여성 우월주의' 뭐 그렇게만 친구들이

알고 있었던 것 같아요. 제가 1학년 때 머리를 짧게 잘랐는데 친구들이 "야 너 페미야?" 물어봤는데 그 친구도 페미가 뭔지 모르고 말했고 서로가 안 좋게 받아들였던 기억이 있어요. 제가 페미니즘에 관심이 생겨서 얘기를 하고 싶어도 나눌 대상이 전혀 없었어요. 당연히 선생님도요.

동백작은학교로 간다니까 "거기서는 뭘 배우냐"고 물어서 이것저것 배우고 페미니즘도 배운다고 하니 친구들이 놀라며 "페미니즘을 왜 배워?"라고 했어요. 제 친구들이 나쁜 게 아니라 그게 뭔지 애들이 잘 몰라서 그런 거에요. 그래서 페미니즘은 그런 게 아니고…… 설명을 하니 "아~ 그러면 괜찮지"라고 했어요. 그 정도로 페미니즘에 대한 이해 자체가 없다고 봐야 해요. 주아

선생님도 친구도, 페미니즘에 대해 "아는 사람이 한 명도 없"는 학교에서 주아가 설명을 시도한 경험들이 있지만, 한정된 틀 안에서 자신이 할 수 있는 사고와 행동 또한 한정적이었다고 그는 회상했다. 머리를 짧게 잘랐을 때도 친구들이 "너 페미야?" "레즈야?"라고 묻고 쳐다보는 것이

불편해서 주아는 다시 머리를 길렀다.

> 지금 생각하면 그런 시선들이 잘못된 거지만,
> 그때는 맞대응할 수 있는 제 언어를 찾지 못했어요.
> 그래서 머리를 길러서 피한 거죠. 이제는 친구들과의
> 대화에서 제가 충분히 설명해낼 수 있고, 지금 제
> 또래 친구들이 바라보는 세상을 바꿔야 된다는
> 인식도 강해졌어요. 주아

평등과 존중 같은 가치들이 보편적으로 받아들여지지 않는
공간에서는 평등을 말하는 사람이 '특별 취급'을 요구하는
사람이 된다. 차별의 공간에서는 당연한 존중을 싸우거나
설득해 얻어내야 한다. 주아는 제도권 학교는 성평등을
말하기 어려운 분위기였고 따라서 당시에는 자신 역시 '그
너머'를 전혀 상상할 수 없었다며 아쉬워했다. 무엇보다
누구도 가르쳐주지 않고 누구도 제대로 알지 못하는 채로
페미니즘과 관련한 말들이 부정적으로 떠다녔다. 미디어는
페미니즘에 대한 혐오로 가득했고 청소년들은 그저
"인터넷에서 안 좋게 쓰이니까" 페미를 욕으로 썼다. 교실
내 혐오와 몰아가기가 심화되고 불쾌한 상황이 매일같이

일어나지만 교사도 주위 어른도 이해와 회복을 돕지 않는다. 이것이 대다수의 학교, 10대들의 현주소다.

주아는 동백작은학교에서 함께 페미니즘을 공부한 뒤, 지금까지와는 완전히 다른 상상과 실천들을 할 수 있게 되어 "신기하다"고 했다.

언제부터 세상은 남자 위주로 흘러갔어요?

성차별에 대한 인식이 없던 학생들도 차별의 구조를 보여주면 빠르게 그것을 알아차린다. 동백작은학교의 페미니즘 수업 중 여성 위인에 대한 조사와 발표 시간이 있다. 남학생 나우는 수업을 위해 여성 위인들을 조사한 뒤 대부분의 인물을 전혀 몰랐다며 당황했다. 그리고 이 앎의 차이로부터 성차별을 이해했다.

> 저는 어릴 때 집에서도 학교에서도 위인전을 많이 읽었는데 위인들이 거의 남자였어요. 근데 제가 읽었던 위인 몇 명은 우리가 조사하고 발표한 여성

위인들에 비해 별로 대단하지도 않은데 위인에 오른 것 같아요. (오늘 배운 여성들이) 내가 알고 있는 남성 위인들보다 훨씬 많은 업적을 세웠는데 안타까워요. 남성이 이런 일을 했으면 지금쯤 세상에 모르는 사람이 없었을 텐데. 나우

수업을 하면서 나우는 자연스럽게 지금까지 학습해온 모든 것이 얼마나 남성 위주였는지를 알게 되었다고 했다. 실제로 기존의 교육 시스템을 포함한 모든 교육 접근이 남성 학습자를 기준으로 마련되어 있으며 그로 인해 여성 학습자는 직·간접적으로 배제된다.[•] 남성 학습자를 기준으로 한 교육 시스템이 '보편적'이라는 오류, 이를 여성 학습자에게 문제없이 동일하게 적용할 수 있으리라는 오류가 교육 전반에 존재하는 것이다. 이전까지 전혀 못 느꼈던 사회의 '남성 중심성'을 알게 되면 남학생들 또한 불편해한다. 그리고 더 알고 싶어한다.

어릴 때 전혀 못 느꼈는데 우리가 이렇게 자연스럽게 남성과 여성을 차별하고 있었다는 게 놀라워요. 매주 페미니즘을 배우는 우리도 이런데 우리 사회 곳곳에

•   Hayes 1995, 1998.

깊이 박힌 인식들이 걱정됐어요. 대체 언제부터
세상은 남성 위주로 흘러갔어요? 너무 궁금해요.
지금도 주변에서 들리는 '남자니까' '상남자' 이런
말도 없어졌으면 좋겠어요. 나우

그리고 나우는 여성 위인에 대해 공부한 이번 수업이 아주
좋았지만, "우리만 알지 않고 위인전들이 다시 새롭게
구성되면 좋겠다"고 말했다.

제도권 학교에서 편입한 학생 대부분은
동백작은학교에 왔을 때 이미 페미니즘을 '불편한 주제'로
인식하고 있었다. 누군가는 스스로를 '페미니스트'라고
말하는 소수의 친구들이 언제나 비난을 받았기에 관심은
있지만 깊이 알려고 하지 않았다. 또 누군가는 "남학생들의
이야기를 들으면 페미니즘이 남성을 혐오하는 것 같기도
하고 너무 여성 위주로만 말하는" 듯해 불편했다고
이야기했다. 페미니즘을 이전에 어떻게 접했느냐에 따라
학생들 사이에 감수성의 격차가 크게 드러나기에 학기
초에는 관련 수업에 주의가 필요하다. 서로의 인식 차이를
이해하고 조율하는 데 많은 에너지가 소모되기 때문이다.
하지만 이는 꼭 필요한 과정이다. 페미니즘을 배운다는

것, 사회의 차별적 구조를 직시하고 평등을 실천하는 법을 배운다는 것은 어쩌면 더 많은 불편을 인지하고 감수하는 일이다. 하지만 학생들이 나가야 할 세상에는 차별과 혐오가 한층 굳어져 있다. 때문에 비교적 안전한 울타리인 학교에서 충분히 배우고 실천할 힘을 길러야 한다. 학교라는 공간에서 평등에 관한 지식을 얻지 못한 채 사회의 혐오와 차별을 학습하게끔 만드는 현실을 바꾸어야 한다. 학교에서 이 배움을 얻는 것이 10대의 권리다.

저는 페미니즘을 싫어했어요

동백작은학교의 신입생들은 입학하자마자 필수 교과로 페미니즘 교육을 받는다. 처음에는 불편해하는 학생도 있다. 주로 남학생이다. 적은 나이임에도 가정과 사회의 영향에 따라 가부장적 문화를 깊이 받아들인 학생이 많다. 그리고 대개는 인터넷을 통해 페미니즘을 접하고 부정적인 인식을 가지고 있다. 남성 청소년들은 초등학교 때부터 "너 페미냐?"며 여학생들을 조롱하는 또래집단을 구성하고

페미니즘을 모른 채로 반페미니즘을 외친다. 하준은
동백작은학교 입학 당시 반페미니즘적 또래문화를 상당히
체화한 상태였고 이런 남학생들이 동백작은학교에 작지
않은 시련을 가져오기도 했다.

　　　페미니즘을 잘 모르는데 무작정 불편하다면
잘 알게 됐을 때 뭐가 진짜 불편한 일인지를 가르쳐야
하지 않겠는가? 동백의 페미니즘 수업에서는 우리가
사용하는 언어를 점검하고 한국 사회에서 여성의 위치를
인식하도록 하며, 배려와 존중의 개념을 지속적으로
배운다. 유엔 교육과학문화기구^{UNESCO}에서 제시한 국제
성교육 가이드는 포괄적 성교육의 핵심 개념으로 관계,
가치·권리·문화·섹슈얼리티, 폭력과 안전, 젠더 이해, 성과
재생산 건강, 인간의 신체와 발달, 건강과 복지를 위한 기술,
섹슈얼리티와 성적 행동이라는 여덟 가지를 제시한다. 이를
포함해 동백작은학교에서 필수과정으로 배우는 페미니즘
수업 차시는 다음과 같다.

주제	**나의 성 의식**
① 차시	① 오리엔테이션—수업 전반 흐름과 평가 방법 설명 ② 서로의 성 의식에 대해 자유롭게 나누는 시간 ③ 젠더, 섹슈얼리티, 페미니즘은 무엇인가? ④ 이것이 궁금하다~ 쌩쌩 토크

주제	**나의 언어는?**
② 차시	① 어쩌면 내가 사용하는 언어들이 성차별을 계속 만들어가고 있을지도 몰라 ② 평등의 언어로 바꾸어보기 ③ 성별 이분법, 성 역할, 성 규범 — 모둠별 토론 및 발표, 실천과 약속

주제	**사춘기—꽃이 피다**
③ 차시	① 내 몸에 대해 이야기하다 ② 사춘기를 중심으로 본 나의 서사 ③ 다양한 생식 구조 ④ 나의 과거, 현재, 미래

주제	나다운 페미니즘

4 차시
① 내가 꿈꾸는 세상은?
② 남자? 여자? 무엇이 떠오르나요?
③ 세계 젠더 격차 보고서 분석하기
— 토론 및 발표

5 차시
① 그들이 있었기에 가능했다!
② 올랭프 드 구주는 누구인가?
③ 페미니즘의 제1물결부터 지금까지!
④ 한국에서 여성의 정치 참여권은?
— 토론 및 발표

6 차시
① 페미니즘은 왜 중요할까?
② 왜 여자와 노예에게 투표권이 없었죠?
③ 양성평등 vs 성평등
④ 단어 하나가 세상을 바꾼다
— 토론 및 발표

7 차시
차별 앞에 선 그들: 한국의 여성운동사
— 공동체 책장

8 차시
① #Me too #With you
② 하비 와인스타인은 결국 우리를 도왔다
③ 함께 연대하고, 실천하자
④ 우리도 할 수 있다!
— 미투 관련자 조사 및 발표

⑤ 내가 생각하는 젠더 감수성은?
⑥ 세상에 다양한 아이디어 던져보기

주제	나의 자젠감*은?
9 차시	① 「피의 연대기」 함께 시청
	— 소감 나누기
	② 나의 성 이미지 알아보기
	③ 미디어 속 젠더
	④ 성소수자에 대한 이해
	⑤ HIV/AIDS에 대한 올바른 상식
	— 젠더리스 복장으로 수업

주제	성행동
10 차시	① 성 지식 백과사전!
	② 자위, 성병, 임신에 대한 올바른 성 지식 가지기
	③ 사춘기 성 관련 에티켓
	— 남학생 생리대 착용해보기, 콘돔으로 놀기
11 차시	성관계와 책임
12 차시	① '낙태죄 폐지' 모의재판 열기
	② n번방 바로 알기
	— 토론

주제	피임, 임신, 양육
13 차시	① 10대 임신의 결과와 대처 방안
	② 피임 지식, 모부와 자식

•   자기다운 젠더 감수성

주제	**성폭력**
14 차시	① 성폭력과 또래 성폭력에 대한 정의와 대처 방안
	② 여성의 몸과 자기 방어

주제	**연애**
15 차시	① 사랑이 뭘까?
	② 이별도 잘해야 해!
	③ 나는 어떤 유형의 사랑을 할까?
	④ 성평등한 연애하고 싶은 사람 다 모여!
	── 사랑 유형 검사

주제	**성상품화**
16 차시	① 야동이 뭔지 알려줄게!
	② 성매매의 개념

주제	**마무리**
17 차시	자기 성찰과 성장 함께 나누기
18 차시	① 젠더 골든벨 '자젠감'
	② 전시 및 평가

일 년 동안 필수로 배워야 하는 이 과정이 주 1회 약 2시간 이루어지는데, 학생들의 흥미가 다른 어느 수업보다 높다. 아무리 학교를 좋아한다 해도 행사나 외부 활동으로 수업이 휴강되면 한마음으로 "예스!"를 외치는 학생들이 페미니즘 수업만은 보강해달라고 한다. "이게 제일 재밌는 건데요!"

필수 과정 외의 선택 수업 과정도 있다. '페미니즘 영화 읽기' '페미니즘 프로젝트' '피자매 수업'[*] '우리에게도 계보가 있다' 등 다양한 분야를 다양한 방식으로 다룬다.

포괄적 성교육은 성평등에 기초해 이해와 존중, 차이와 공통점을 알아가고 평등한 관계를 삶 속에서 실천하기 위한 수업이다. 청소년들이 평등한 교실 환경에서 안전감과 공감을 바탕으로 직접 대화하면서 사회문화적 측면에서의 젠더에 대한 올바른 가치관을 가질 수 있도록 한다. 이때 교사와 학습자 사이의 지식 권력 관계를 고정시키지 않고 학습자의 주체성을 강조하는 형식을 따른다.

> 저는 자젠감 수업을 2년 연속 반복해서 들었는데요,
> 확실히 그냥 강의식으로 듣는 것보다 도움이

---

* 캐나다의 피자매 연대(Blood sister)가 시작한 여성운동에서 따온 이름으로 '세상의 피 흘리는 모든 자매의 연대'를 지향한다. 많은 여성이 반평생 소비하는 생리대의 과대 가격, 생리대의 전 성분이 표시되지 않는 문제, 생리통에 대한 무지, 정혈 용품 광고 이미지의 문제점 등을 짚으며 사회에 존재하는 차별과 억압을 공부한다.

돼요. 중요한 물음 정도만 던져주면 저희가
조사하고 알아가고, 뭐든 수다처럼 나누었던 게
인상 깊었어요. 수업 시간이 두 시간이나 되는데
늘 너무 짧은 거예요. 저희가 막 수다 떨듯이
이야기하잖아요. 웃기도 하고, 분노하기도 하고,
욕도 가끔 하면서 엄청 재미있었어요. 그 시간에
선생님과도 이런 이야기들을 평등하게 나누고 웃고
떠들 수 있는 게, 수업이라기보다 내 삶을 나눈다는
생각이 들었어요. 희수

2021년에 동백작은학교에 입학한 희수는 22년도에 '올해의
젠더 감수성상'을 수상하기도 한 학생으로, 2년 연속 같은
수업을 들을 정도로 페미니즘 수업에 열성으로 참여한다.
그의 말처럼 페미니즘 정규 수업에서 수다가 시작되면
학생들의 대화는 끊이지를 않는다. "두 시간이 늘 너무
짧다"는 건 결코 과장이 아니다. 희수는 특히 재미있었던
수업으로 콘돔 수업, 남학생 생리대 체험 경험 듣기 등을
꼽기도 했다.

(콘돔이) 되게 겁나고 우리가 만지면 안 될 것
같았거든요. 그런데 수업을 하고 나니 안전하게
느껴졌다 해야 하나. 희수

토론 수업도 좋아한다. 희수는 사회문화적 성차별을
배웠기에 여성들만 성평등을 외친다고 될 일이 아니라는
것을 알고 있다. 때문에 그를 신나게 하는 건 "학교
안에서만은 안전하게 성평등한 세상을 만들어간다는
느낌"이다. "수업을 듣다 보면 하고 싶은 게 너무
많아져요." 희수는 제도권 초등학교를 다녔을 때 일 년에
한두 번씩 성교육을 꾸준히 받았지만 기억에 남거나 "내
삶에 영향을 미친 부분"은 없었다고 말했다. 그런 만큼
이곳에서의 배움에 적극적이었다. 희수처럼 학생들이
동백작은학교에서 함께하는 페미니즘 수업이 자신의 삶과
끊임없이 연결됨을 느낀다는 것, 그로 인해 하고 싶은 일이
많아진다는 것은 교육자로서도 가슴이 뛰는 일이다.

　　강의식 성교육 수업에서는 학생들이 자신의 역할을
느끼기 어렵고 교실을 나가는 순간 끝이라고 여기기 쉽다.
때문에 질문으로 자신의 위치를 깨닫게 하고 대화를 통해
자신의 삶, 서사와 스스로 연결하게 하는 과정이 중요하다.

동백에 입학한 뒤 초반에 페미니즘 수업을 싫어했던 하준도 변화했다. 동백작은학교에서 함께한 페미니즘 수업을 "이 학교에 오지 않았더라면 절대 경험하지 못했을 것"이라고 말했다.

> 저는 남성이니까 차별을 일상생활에서 크게 느낀 적도 없어요. 집에 가면 할머니께서 집안일을 다 하고 저랑 아빠는 거의 안 하는 편이에요. 그런(그게 당연했던) 것도 수업을 통해서 깨달았어요. 하준

그는 자신과 아버지가 집안일을 할 필요가 없었던 이유를 "경험으로는 알 수 없었"다. 때문에 세상이 평등하지 않다는 것을 모두가 꼭 "배워서 알아야"만 한다고 말했다. 「젠더 격차 보고서」 수업 역시 하준에게 충격을 주었다.

> 우리나라가 그렇게 뒤쪽, 거의 꼴등에 가깝게 있는 줄 몰랐는데 충격적이었어요. 페미니즘은 솔직히 우리 학교뿐 아니라 다른 제도권 학교에서 더 배우면 좋겠다는 생각이 들었어요. 사실 청소년들 사이에서도 페미니즘 얘기가 나오면 잘 모르기도

하고 서로 들은 게 달라서 엄청 불편하거든요. 근데 학교는 그렇게 불편한 줄 알면서 교육을 안 해주는 거예요. 이상하잖아요. 하준

이상한 일인 것을 학생들도 안다. 페미니즘 수업을 함께한 뒤 하준은 "배워보니 페미니즘에 전혀 거부감이 들지 않는데 왜 학교에서 가르치지 않는지에 거부감이 든다"고 했다. 페미니즘이 뭔지 모르는 채로 교실에서 청소년들이 혐오 발언을 일삼고 대립하도록 학교가 내버려뒀다는 데 책임을 묻기도 했다.

학교에서 조금만 가르쳐주면 페미니즘이 안 좋은 게 아니라는 걸 다들 알게 될 텐데 그냥 유튜버나 다른 데서 안 좋은 내용들만 듣고 말하는 걸 알면서도 학교는 놔두는 거잖아요. 페미니즘 역사를 배울 때 되게 재미있었거든요. 우리가 알아야 할 역사의 한 부분이고, 우리 사회를 이렇게 성평등하게 만들어준 거잖아요. 근데 왜 (페미니즘을) 이렇게 비난하는지 모르겠어요. 하준

페미니즘 역사 공부 역시 중요한 부분이다. 학교에서 페미니즘과 같은 '논란의' 주제를 다룰 때 '역사적 사실'이 갖는 무게는 큰 편이다. 논쟁의 영역에서 벗어난 기록에 근거하기 때문이다. 동시대의 젠더 이슈를 넘어서 좀 더 확장된 관점에서 페미니즘을 바라볼 수 있는 지점이기도 하다. 하준은 입학 초반에 여자 친구들과 어울리려 하지 않았는데, '시선' 때문이었다고 이야기했다.

> 제가 입학했을 때 페미니즘을 되게 싫어했잖아요.
> 뭔가 밖에서는 좀 남자다워야 하는데 여자애들이랑
> 말하거나 친해지면 뭔가 여성스러운 것같이 그렇게
> 무시하듯 보는 시선들이 싫었어요. 근데 지금은
> 그냥 여자 사람 친구들이랑 수다 떠는 게 너무
> 재미있어요. 하준

페미니즘에 대해서도 배울수록 궁금한 게 많아졌다. 페미니즘 역사는 하준의 관점을 바꾼 배움 중 하나다. "당연히 알아야 하는 역사인데 페미니즘이라는 말 때문에 다 거부했던 것 같다"고 하준은 말했다.

페미니즘이 필수 교과가 될 때

학교가 페미니즘을 '중요하게' 여기고 일상의 실천 가치로 두면 청소년들의 인식은 달라진다. 학교의 페미니즘 교육은 삶의 실천으로 이어지며, 문화 자체를 변화시키는 힘이 있다. 하지만 현재 공교육에서는 성평등을 '중요하게' 다루기는커녕 언급조차 할 수 없게 되었다.

동백작은학교의 학생들이 제도권 학교에서 받은 교육에 대해 들어보면, 대부분 학생이 성교육 수업을 들었지만 성평등에 대해서는 배운 적이 없었다. 성교육 시간에는 여전히 이차 성징, 생리, 정자와 난자가 만나는 과정 등을 배웠다고 답했으며 상민은 매년 성교육이 있더라도 "학년마다 수준이 높아지거나 달라지지 않고 매번 배우는 내용이 똑같았다"고 이야기했다.

> (제도권) 초등학교에서는 늘 똑같이 정자 난자 이런 걸 배웠어요. 몇억분의 1 확률로 태어난 소중한 존재다 같은 이야기를 반복했던 것 같아요. 동백작은학교 오기 전에 다닌 중학교는 대안학교였는데 거기서 성평등과 LGBTQ에 대해 몇

번 배웠고 덕분에 성소수자에 대한 편견도 없어지고
조금은 알게 됐어요. 하준

대안학교에서는 자연스럽게 다루는 성평등 개념을
공교육에서는 거의 드러내 가르치지 않는다. 성교육 자체가
학교에서 강조되지 않고 있으며, 그 안에서 뜻있는
교사들조차 성평등과 성소수자 같은 내용을 담아내지
못하는 이유가 있다. 성평등 교육을 '과한' '편파적인'
'불필요한' 교육으로 보며 반감을 드러내는 이들의 존재다.
실제로 학교 안팎에서 페미니즘에 대한 반감으로 성평등
관련 수업을 무산시키거나 감시, 통제하는 등 실질적인
제재가 이어지고 있다. 이런 환경에서는 성평등 교육을
중요시하는 개별 교사들도 '말하고 싶은' 내용이 사회와
학교에서 허용하는 '선'을 넘는 것은 아닌지 그래서
관리자의 제재를 받거나 학부모의 민원 대상, 또는 외부
언론의 공격 대상이 되지 않을지 고민하게 된다.● 아이에게
직접 성교육하기를 부담스러워하며 전문가인 선생님들이
정확하게 알려주기를 원하는 양육자들도 있지만, 지금의
공교육 현실에서는 성평등을 가르치는 교사가 '안전'하지
못하다. 평등을 교육하다 혐오성 민원을 받는 일이

●   이예슬, 2020.

비일비재하다.

동백작은학교가 성평등을 민주시민교육, 인권 교육의 중요한 부분으로 다루고 해마다 젠더 평등 선언식이라는 행사를 할 수 있는 것은 우선은 대안교육 기관이기 때문이다. 대안교육 기관은 정부의 간섭을 받지 않고 교육 과정 구성이 자유로운 편이다. 또 학생, 양육자, 교사가 성평등 가치에 동의하고 함께하는 구성원들이기에 가능하다. 그럼에도 혐오의 시선은 따라온다. 3장에서 더 자세히 소개할 동백작은학교의 젠더 평등 선언식은 한 해의 큰 행사로, 젠더 평등 주간을 정해 그 주의 시간표를 학생들이 직접 짜고 만들어가는 자리다. 그런데 이 행사가 기사화된 뒤 민원과 협박 전화, 교육청 감사를 받아야 했다. 이 작은 학교에서 평등을 좀 가르쳤다는 소식에 외부인들의 항의 전화가 쏟아지고 교육청 공무원들이 우르르 찾아오는 게 지금 한국 사회다. "아직 성에 눈뜨지도 않은 순수한 아이들을 세뇌시킨다"는 외부인들의 비난에 행사를 직접 꾸린 학생들도 분노했다.

진짜 황당했어요. 아니 그럼 본인들은 언제 성에 눈떴을까 질문하고 싶어요. 그 생각만 하면 화가 나요. 어른들이라고 저희의 생각까지 막 강제하고.
기사를 찾아보고 이만큼이나 민원을 넣는 분들이
대체 누굴까 궁금하고. 그런 분들과 우리가 지금
같이 살아가고 있는 거잖아요. 진짜 사회가
10대들에게 안전한 곳이 아니라는 걸 깨달아요. 우주

우주는 제도권 초등·중학교를 다니다가 중학교 3학년
과정으로 편입했다. 평소 페미니즘에 관심이 많고 이
행사에도 누구보다 적극적이었던 그는 학생들이 "마치
세뇌당해야만 이런 행사를 기획할 수 있다는 전제"에
불쾌해했다. 그리고 그러한 세간의 몰이해에도 불구하고
"이런 행사를 함께할 수 있는 안전한 동백 공동체"가
있다는 데 만족감을 드러냈다. 혐오가 아닌 공존의 가치를
일상화한 학교의 존재 의의를 학생들이 스스로 깊게 새길
때 동백작은학교는 단단해지고 계속해나갈 힘을 얻는다.
이미 '초중고 페미니즘 교육 의무화'를 요구하는 국민청원이
20만 명을 넘을 만큼 페미니즘 교육에 대한 사회적 요구는
높다. 그럼에도 제도권 성평등 교육은 오히려 퇴보하고
있다. 이는 5장에서 더 자세히 다룬다.

2장　무엇을 어떻게 가르칠까

학교의 지향이 교사를 바꾼다

동시대 한국의 학교는 특히 여성 청소년에게 억압적인 구조다. 기존 교육 체제가 남성 중심적 젠더 권력을 재생산하며, 학교가 페미니즘에 대한 부정적 인식과 낙인을 사실상 내버려두고 있기 때문이다. 그만큼 페미니즘 교육의 당위에 목소리를 더 모으고 이를 문화로 정착시키기 위한 구체적 노력이 필요하다. 다양한 교과 수업과 연계한 페미니즘 교육을 실현할 교사 교육이 그중 하나다.

성평등 교육에 뜻이 있는 교사가 있어도 페미니즘을 이야기하는 것이 안전하지 않은 현실에서, 페미니즘 교육은 특정한 교과 혹은 교육 과정으로 존재하기 힘들다. 하물며 교과 제한 없이 페미니즘 가치를 문화로 삼고자 하는 동백작은학교에서는 우선 교사들부터가 끊임없이 배워야 했다. 나를 제외한 동백의 두 교사 다숲과 개구리는 모두 남교사다. 그들은 남성 우대 사회를 학생들보다 오래 누려왔기에 더욱 부단히 주의해야 했다. '나 정도면 괜찮다'고 생각하는 남성일수록 쉽지 않다. 이런 경우 다같이 성평등 교육을 받아도 효과가 별로 없다. 강의식 교육에서 얘기하는 잘된 사례를 듣기만 해서는 자신도 그처럼 문제없는 사람이라고 생각할 뿐 성찰이 일어나지 않는다. 본인이 변화의 의지가 있어도 주변에서 "방금 하신 말이 성차별이고 불편한데요"라 꾸준히 지적해줘야 자신의 '문제'를 깨닫는다.

사소하게는 "아, 집안일 내가 다 해요 샘~" 하고 웃으면 나도 빙그레 웃으며 "선생님 아내분도 어디 가서 그렇게 말해요?" 하고, 그 순간 "아" 하는 식이다. 그렇게 학생들을 포함해 모두가 서로를 지켜보는 눈이 되어 보낸 시간이 쌓이면 "남학생들 나와서 짐 들어!" 하던 교사는 더 이상 뭘 옮기려고, 축구를 하려고 남학생을 찾지 않고 "축구 갈 사람!" 외치게 된다. 동백작은학교에서 문학과 사회학 수업을 주로 하는 30대 남교사 다숲은 동백작은학교에 와서 페미니즘 공부를 본격적으로 시작했다.

> 아무래도 가르치는 과목의 특성상 현실 사건들을 신문 기사나 뉴스를 통해서 다루게 되는데 최근에 페미니즘과 관련된 사회운동도 많아지고 여론이 만들어지면서 아이들도 굉장히 관심이 많아요. 그래서 저도 준비를 많이 했습니다. 수업을 준비하면서 저 스스로도 이해를 많이 하게 되었고 또

동백작은학교가 페미니즘 교육을 지향하기 때문에
더 많이 담아내려고 해요. 일상에서는 페미니즘에
대해 크게 고민할 일이 없는데 학교에서 계속
페미니즘이나 성평등 관념을 노출하니까 끊임없이
저를 돌아보고 교육 활동에 연결하게 됩니다. 다슭

학교가 무엇을 지향하느냐에 따라 교사도 달라진다. 성평등
관점을 문화로 채택한 동백작은학교에서는 교사 역시 모든
과목에서 끊임없이 그 관점을 참조하게 된다. 애초에 젠더
문제는 사회 모든 영역에 연결되어 있다. 보통 '페미니즘과
관련이 없는' 것처럼 수업하는 교과도 마찬가지다.
자연스럽게 모든 배움의 영역에 성평등 관점이 적용될 때
학생들은 통합적이고 유연하게 이를 받아들이고 실천으로
연결할 능력이 생긴다.

　　　음악과 체육을 담당하는 20대 남교사 개구리
역시 기존에 자신의 수업과 페미니즘은 별 관련이
없다고 생각했다. 그러나 동백작은학교에서 함께 지내며
페미니즘을 생활에 담아내는 것이 자연스러워졌다. 특히
그의 고정관념을 깬 것은 일주일에 두 시간씩 있는 동백의
축구 시간이다.

가르쳐주시는 코치님이 되게 신기해하시더라고요.
다른 학교는 여학생들은 조금 훈련만 시키고 그냥
쉽게 한대요. 남학생들이 마음껏 못 뛰기도 하고
서로 불편하다고요. 그런데 우리 학교에서 여학생
남학생 할 것 없이 모두 신나게 눈치 보지 않고
축구하는 걸 보며 코치님도 시선이 많이 바뀌셨대요.
크게 실력 차도 나지 않는다며 되게 신기해하셨어요.
몸을 움직이기 싫어하는 여학생들도 축구 시간이
그렇게 재미있대요. 너무 신기하지 않아요? 저도
동백에서 축구 수업을 보면서 고정관념이 많이
깨졌어요. 성평등한 문화가 정말 많은 부분을
변화시키는구나 하고요.

　　그래서 저는 모든 학교에 페미니즘 선생님이 꼭
있어야 한다고 생각해요. 그래야 지속 가능한 문화가
되고 실천으로 이어집니다. 개구리

개구리가 언급한 동백의 평등한 운동장이 특히 재미있는
지점은, 코치와 교사에게는 신기하게 느껴지지만 오히려
이 운동장을 실현한 장본인들에게는 너무 자연스러워서
학생들은 이를 특별하게 인식하지 않았다는 것이다.

코치가 언급한 보통의 광경, 즉 여학생이 있으면
남학생이 마음껏 못 뛰어서 "서로 불편"해하기에
여학생들은 뛰지 않도록 하는 운동장은 동백의
학생들에게는 보통의 운동장이 아니다. 학생들은
자연스럽게 섞여서 축구를 하며, 굳이 '우리 학교 운동장은
성평등하다'고 인식하지도 않고 있었다. 이 당연함이야말로
성평등 문화 정착의 한 예다. 남학생이 여학생에게 힘으로
떠밀려가며 운동장을 뛰는 동안 학생들은 신체적 차이가
반드시 성별의 차이는 아님을 경험으로 익힌다. 그리고 더
중요한 것은 몸집이나 체력 차가 있더라도 개개인의 차이를
인정한 채 어울리는 법을 터득해가는 환경이다. 성별에
따라 나누지 않고 어울리다 보면 신체적 차이를 가진
이들이 이질감 없이 함께하는 데 익숙해진다.

그리고 이런 문화가 지속되려면 반드시 교사도
페미니스트여야 한다. 교사 다숲은 학생들이 나눠서 하는
학기 말 발표에서 축구 수업 발표를 여학생이 맡는 것조차
생소했다는 기성세대 한국 남성이다. 그는 마찬가지로
축구 수업 발표를 하고 싶어했던 다른 남학생과 경쟁해
결국 여학생이 '축구 담당'을 따내는 과정이 재미있었다고
꼽았다. 그는 아차 하는 사이 스스로가 보고 겪어왔던

이러한 성 구별을 재생산하지 않도록 주의한다. "학교가
페미니즘 교육을 지향하다 보니 페미니즘 사고를 하지만"
노력하지 않으면 익숙한 차별을 반복하게 되기 때문이다.

> 남성들은 다시 자신도 모르게 남성 우월주의에
> 빠져요. 그런 문화가 너무 당연하고 익숙해서
> 사람들은 잘 모를 수도 있지만요. 다숲

자신의 경우 "동백작은학교에 교사로 있기에 삶을
성평등하게 지속해나갈 수 있다"고 다숲은 말한다.
그런 고민을 바탕으로 그는 문학 수업에서 다양한
질문들을 고안해 학생들의 비판적 사고를 유도하는 등
교육자로서도 실천을 이어가고 있다. 예를 들어 사회에서
남성성을 우대하는 권력 문화들을 다루거나 문학 작품 속
등장인물들의 고정된 성 역할에 관해 질문을 던진다. '이
인물들이 이렇게 말했으면 어땠을까?' '왜 항상 아빠가 일을
구하러 나갈까?' 같은 식이다.

개구리도 끊임없이 노력 중이다. 삼대독자라는
개구리는 초기에는 하는 말마다 내게 '적발'당해, "저는
세포부터 바꿔야 합니다" 자평하며 엉엉 울곤 했다.

학생들과 페미니즘 수업을 함께 들으면 학생들로부터도 거침없이 지적을 받는데, 빼는 법 없이 같이 배우며 열의를 보이고 있다. 동백작은학교 구성원들이 저녁에 서로의 이야기를 나누는 '들어봅서' 시간이면 종종 개구리가 "아까 그런 표현을 써서 미안하다" 하는 모습을 볼 수 있다. 사과는 참으로 잘한다!

개구리 역시 성평등 문화를 익히면서, 교사로서 너무 자연스럽게 행하곤 하던 성차별을 깨달았다.

제가 난타를 가르칠 때, 여학생들이 더 예쁘고 보기 좋으니까 저도 모르게 여학생 남학생을 구분해서 여학생은 앞에 세우고 남학생은 뒤에 세웠어요. 밴드에서도 남학생들은 베이스를 시키고 여학생들은 좀더 화려한 역할로 배치했던 것 같아요. 풍물이면 남학생들은 북을 시키고 여학생들은 장구를 시키고요. 의식하고 한 게 아니었어요. 저도 모르게 너무 자연스럽게 그랬던 게 가장 큰 문제였던 거죠. 페미니즘을 배우고 사고를 주의하면서, 성별에 상관없이 결에 맞게 무대를 배치하고 학생들이 원하는 역할을 가지고 갈 수 있도록 했죠. 뭔가

> (페미니즘이) 제 과목과는 전혀 상관없을 것 같았는데,
> 구조가 많은 영향을 끼치더라고요. 개구리

동백의 페미니즘 교육은 배운 것이 지식에 그치지 않고 실천으로 이어져 성평등 문화를 자리 잡게 하는 것을 목표로 한다. 개구리의 경우처럼 전혀 상관이 없을 것 같았던 난타, 밴드, 풍물 수업의 역할 선정과 자리 배치에도 성별 고정관념은 스며 있다. 다숲은 자신이 가르치는 문학, 정치학, 사회학 분야에서 자연스레 성평등 관점에 접근한다. 기존의 문화 속 차별이 교과서나 학생들의 배움의 영역에 그대로 드러나 있기에 그것을 당연하게 받아들이는 대신 분석하고 비판하는 힘이 필요하기 때문이다.

　　페미니즘 교육이란 우리가 사회를 살아가는 인간으로서 문학과 역사, 과학을 당연히 배워야 한다고 여기는 것만큼 그것들 어디에서나 발견할 수 있는 젠더 상황을 당연하게 배우고 가르친다는 것을 의미한다.* 다시 강조하지만, 학교의 지향에 따라 교육자도 바뀐다. 다 함께 뜻을 정하고 실천한다면 교육 환경은 완전히 달라질 수 있다.

* 　　김현경, 2022.

배움이 실천을
─"같이 배우니까 다 같이 실천할 수 있어요"

우리 사회의 성별 이분법은 기본적으로 개개인의 다양성과
차이를 억압하고 남성 지배 구조를 만드는 체제다. 그리고
이 남성 지배 구조가 학교에 그대로 이어져 다양한
성범죄와 구성원 간 폭력을 낳는다.

> 예전에 있던 학교에서는 여학생 남학생 따로
> 성교육을 하거나 그냥 강의식으로 하다 보니 서로를
> 실질적으로 이해할 일이 없었어요. 동백에서는 성별
> 관계없이 페미니즘 교육을 받으니까 다른 한쪽을
> 이해하게 되고 '너희 경험은 이랬구나' 뭐 이런 식의
> 대화가 돼요. 물론 화날 때도 있고 이해가 안 되는
> 지점도 있지만 어쨌든 우리는 같은 주제로 함께
> 배운 거잖아요. 같이 배운 내용이니까 이해한 결과가
> 달라도 사람 자체에 대한 의심 없이 안전하게 만날
> 수 있는 것 같아요. 우주

동백작은학교에서는 여남 구분 없이 함께 페미니즘

수업을 한다. 성차별에 대해 배울 때 여학생과 남학생은
분명 받아들이는 데 차이를 보인다. 같은 범죄 사건을
두고 이야기를 해도 여학생들이 명백히 피해자의 상황에
이입하고, 사건들 안에 깃든 성차별을 잘 이해하는 식이다.
하지만 우주의 말처럼, 이해의 지점이 달라도 같이 배우고
이야기를 나눴다는 것만으로 "의심 없이 안전하게" 느낀다.
그리고 같이 배웠기에 남학생들이 문제적 발언을 할 때
곧장 표현할 수 있다. 제도권 학교에서는 불가능했던
일이다.

> 페미니즘이라는 배움과 이런 문화를 공유하고
> 같이 살아가는 구성원이라서 가능해요. 남학생들이
> 감수성 없는 말을 할 때 사소한 부분이라도 당당하게
> 문제점을 이야기할 수 있어요. 그러다 보니까 오해도
> 없어지고 존중할 수 있게 돼요. 우주

우주의 표현에서 느낄 수 있듯 어떤 남학생들에게는
"감수성"을 갖게 하는 것이 훨씬 어려웠다. 하지만 모두가
계속해서 참여하고, 이야기 나누기를 멈추지 않았다.
2021년 입학한 성재의 경우 성차별적 표현을 단호히

문제삼는 동백의 분위기에 꽤 오래 반감을 표했다. "결정이 여자애들 위주"라는 식의 불평을 자주 하는 바람에 성평등 실천에 열심이던 남학생들이 "듣기 싫다"며 내게 "선생님, 저 형 상담 좀 해주세요!" 요청하여 몇 번이고 따로 이야기를 나눠야 했다. 어쩌면 쉽지 않은 것이 당연하다. 청소년들은 사고가 유연하여 가르치면 금방 생각을 바꾸는 만큼, 온라인 게임을 하거나 '바깥'의 친구들과 지내다 오면 또 금방 여성혐오적 문화를 흡수하고 발산한다. 페미니즘 교육이 일회성 교육에서 그쳐서는 안 되는 이유다.

    그러나 꾸준한 배움은 분명 그들 안에 쌓인다. 성재가 동백에서 함께한 지 2년 차, '바깥'의 친구들과 싸우고 왔다며 내게 말했다. 그 친구들이 하는 말들이 너무 불편하고 화가 났다고, "선생님이 말한 감수성이 이거였어요?"라며 무언가 깨달아서 신이 난 표정으로 물었다. "와! 진짜 여기서는 제가 늘 뭐가 부족한가 생각했는데, 밖에 가니까 그동안 자연스럽게 듣던 다른 애들 말이 이제 너무 불편한 거예요"라며 친구들의 여성혐오 발언에 모두 반박하고 싶었다고 이야기했다. 이렇게 자신도 모르게 성평등 '실천'을 해버린 성재를 보며 먼저 떠오른 표현은 '인간 승리'. 그리고, 이 아이는 이 감수성으로 살아가겠구나 생각했다.

페미니즘은 보편 인권의 영역이다. 그러므로 제대로 가르치고, 삶에 적용할 수 있도록 해야 한다. 학교에서 제대로 페미니즘을 가르친다면 많은 혐오와 잘못된 시선들, 사회적 폭력과 여성들의 고통은 사라질 것이다. 페미니즘과 성교육은 어떤 다른 교과에 비하더라도 삶과 훨씬 밀접하게 연결되어 있다. 사회적으로 구성된 젠더 규범과 제약은 태어나면서부터 전 생애에 걸쳐 개개인의 자아감, 존재 방식, 생활 전반에 영향을 미친다. 청소년들의 작은 사회인 학교에서부터 10대들이 이에 관해 적절한 지식을 얻고, 자신들의 언어로 문제를 다룰 수 있게 해야 한다.

페미니즘 교육에는 기존의 성 규범에 균열을 내고 그것을 답습하거나 재생산하지 않도록 하는 힘이 있다. 동백작은학교에서의 시간이 흘러갈수록, 굳이 '페미니즘' '성평등'이라는 말을 쓰지 않아도 자연스레 학교의 문화가 평등으로 나아가는 것을 발견할 수 있다.

저는 시골 초등학교에 다녀서 인원도 적었고, 성차별 같은 건 경험하지 못했었는데 아무래도 제가 남자라서 못 느낀 거였어요. 저는 사람들과

만나는 걸 좋아하는데 잘 몰랐을 때는 다른 사람들이
페미니즘에 대해 안 좋게 이야기하면 그냥 그런가
보다 하고 넘겼어요. 하지만 지금은 이 사람들이
페미니즘에 대해 잘 모르고 말한다는 것을 확실하게
알 수 있어요. 나우

페미니즘을 배운 뒤 나우는 더 이상 "그냥 그런가 보다"
하지 않게 되었다. 반페미니즘이 '틀렸다'는 것, 모르고 하는
말이라는 것을 알게 되었다. 가짜 뉴스를 구별할 수 있게
되었고, 유튜브에서 그냥 지나치던 혐오 발언을 신고하게
되었다. 초등학교 때 남학생들끼리 흔히 오가던 장난들이
왜 싫었는지도 제대로 이해하게 되었다.

남자애들끼리 성기 크기 가지고 말할 때 뭔가 기분이
안 좋은데 막 웃으면서 하는 거니까 다들 넘어가요.
외모든 몸에 대한 평가든 대수롭지 않게 농담하는 게
짜증이 날 정도로 불편하고 듣기 싫었는데 남학생들
사이에서 아무렇지 않게 일어나요. 페미니즘은
여성들뿐만 아니라 남성들에게도 꼭 필요한 것 같고
함께 해야, 모두가 함께 느껴야 성평등이 이루어지는

> 것 같아요. 다른 학교에서도 페미니즘을 필수로
> 꼭 배웠으면 좋겠어요. 그래야 누구나가 자신의
> 이야기를 일상에서 할 수 있을 것 같아요. 나우

나우는 남학생들의 또래 문화를 겪은 남학생으로서,
페미니즘 교육이 남성들에게도 꼭 필요하다고 강조했다.
그리고 배울수록 페미니즘이 일상과 깊이 연결되는
문제임을 실감해가는 중이다. 누구나가 자신의 이야기를
안전하게 풀어낼 수 있으려면 모두가 페미니즘을
필수로 배워야 한다는 나우의 깨달음 역시 매우 중요한
부분이다. 왜 혐오하는지 혹은 이게 혐오인지도 모르는
채 반페미니즘을 말하는 환경에서는 평등을 말할 수
없다. 다양성을 부정하고 낙인을 휘두르는 이들이 다수일
때 청소년들이 자신을 제대로 표현할 수 있을 리 없다.
자신을 표현하며 관계 맺는 법을 배우기 위해서도 청소년
페미니즘 교육은 중요하다. 10대들은 점차 다양한 관계를
맺기 시작한다. 페미니즘 교육은 관계의 교육이기도 하다.
존중을 기반으로 한 관계 맺기를 가르치지 않고 시민이
되기를 기대할 수 있겠는가?

　　페미니즘을 배운 청소년들은 자신의 삶 속에서

소외되지 않는다. 그들 자신의 언어로 사회적 불평등, 그로 인한 사회 및 학교 제도, 구조, 문화를 비판적으로 읽어낼 수 있게 된다. 이렇게 기존의 질서에 질문하고 변화를 만들어갈 능력을 키운다. 동백작은학교 곳곳에는 학생들이 붙여놓은 평등의 글귀들이 적혀 있다. 그리고 사회에서라면 익숙하게 듣게 될 여성혐오 발언들을 누군가 비슷하게라도, 그 뉘앙스라도 흘리면 일순간 정적이 흐른다. 그러면 발화자가 곧장 스스로 점검하여 사과하거나, 그러지 못하면 추후 '동백 가족회의'*에서 문제로 다뤄진다. 생활 속에서 모두가 자신의 언어를 성찰하게 되는 환경인 셈이다.

흥미롭게도 이 분위기는 '바깥'에서 온 사람도 느낀다. 누군가 방문하거나 학생 체험을 오면 그들 역시 동백의 공간이 단호히 붙든 성평등 문화를 인지하고 조심스럽게 행동하는 것을 볼 수 있다. 다수가 실천하여 익숙해진 문화는 다른 누군가가 오더라도 흔들리지 않는다. 오히려 그들을 변화시킬 힘을 지니고 있다.

특히 이 힘을 실감하는 건 신입생이 들어오는 시기다. 동백작은학교에 처음 들어온 신입생은 그동안 아무런 문제 없이 써왔던 말과 행동이 늘 토론의 주제가 되니 처음에는 불편할 것이다. 하지만 함께한 시간이

---

* 매주 한 번씩 교사와 학생이 모두 모여 학교 생활에 관해 평등하게 토론하는 시간. 명실상부, 동백작은학교의 최고 의사결정기구다.

흐르면서 초기의 그 불편감이 스스로가 여성혐오에 익숙해져 있었던 반증임을 이해한다. 이렇게 함께 동백에서 페미니즘을 배운 학생들은 불평등한 구조로 인한 어떤 작은 차별이라도 그냥 넘어가지 않겠다는 그리고 무엇이든 자신들이 할 수 있는 실천으로 바로잡겠다는 의지가 크다. 배운 것을 스스로 일상에 적용하며 행동에 나서는 학생들의 모습은 울림을 준다. 그리고 이러한 청소년들의 변화는 우리 사회의 견고한 남성 중심 문화에 균열을 내는 출발점이기도 하다. 교육자의 보람도 물론이다. 교육을 통해 불평등한 사회를 변화시킬 작은 씨앗이 그물망처럼 이어진다. 그런 청소년들의 변화와 성장을 볼 때 우리 사회가 조금씩 나아지리라는 것을 믿을 수 있게 된다.

실천이 변화를
─"우리 이제 이런 얘기 하지 말자"

10대에게 연애는 언제나 귀가 번뜩이는 흥미로운 주제다. 연애를 하든 하지 않든 일상의 대화 속에 늘 등장한다.

동백작은학교에서는 10대들의 '사랑할 권리'를 위한
다양한 주제 역시 수업에서 다룬다. 연애, 섹스, 피임,
임신, 임신중지, 출산, 양육 등의 주제는 언제나 이들의
눈을 반짝이게 한다. 가장 많은 질문이 나오고 웃음과
시끌벅적한 수다가 이어진다.

　　　많은 학교가 여전히 순결교육을 성교육이랍시고
시행한다. 사실상 모든 이가 청소년들에게도 성문화가
당연히 존재한다는 것을 알면서 교육을 회피하고 있는
모순적 상황이다. 10대들을 무성적 존재로 간주하고
섹스를 금기시하는 시대착오적 교육이 남아 있는 것이다.
동백작은학교는 청소년들 각자가 성적 주체임을 대전제로
하고 학생들이 자신만의 선택을 해나가기 위해 필요한
교육을 제공한다. 학생들에게 콘돔을 직접 만져보라고
나눠주면 물을 넣거나, 풍선처럼 불어 신축성을 테스트
해보는 등 탐색의 시간이 펼쳐진다. 다양한 피임 도구에
거부감을 갖지 않고 친해지는 동시에 도구에 대한 지식을
쌓는 시간이다. 섹스에 관한 주제로 이야기를 나누기도
한다. 어떤 장소에서 하면 좋을지, 어떤 느낌일지 등을
이야기하면서 자신들의 성적 욕구를 자연스럽게 표현하는
법을 익힌다. 각자가 성적 주체임을 인지하고 대화함으로써

섹스에 대해 막연한 또는 비틀린 환상, 거부감을 갖지 않게
된다.

학교에서 이런 얘기들이 오가면 10대들이 성적으로
'문란'해지리라는 세간의 염려와 달리, 이런 교육이 정착된
뒤 동백작은학교에서는 반대의 현상들이 나타나고
있다. 교육이 반복되면 학생들은 서로의 성을 존중하는
법을 체득한다. 그를 기반으로 각자 몸의 소중함과
성적자기결정권을 제대로 인지하게 된다. 불평등한
권력관계에서 이루어지는 행위들을 스스로 문제시하기
시작하며, 성적자기결정권이 안전하게 보장되는 사회는
어떤 모습일지를 먼저 고민하기도 한다. 배움과 사고를
통해 청소년들은 자신의 몸을 사랑하고, 친밀한 관계에서
주체성을 잃지 않을 수 있다. 이를 바탕으로 능동적이고
평등한 관계를 지향하게 된다.

안전과 평등은 어디에서 오는가? 공동체의
감각과 질서, 문화 속에서 형성된다. 사회적 권력, 제도적
권력, 어른들의 권력에서 비롯된 '안전'이라는 개념은
청소년들에게는 통제일 뿐이며 대개는 낡고 치우친 우려다.
페미니즘을 통한 비판과 성찰로 청소년 성교육을 시행한
결과는 각 주체에 대한 존중으로 나타났다. 이는 존중을

기반한 관계 맺기로 이어지며, 청소년들은 통제력을 가진
자유롭고 책임감 있는 주체임을 모순 없이 확인할 수
있었다.

　　　그런데 최근에 동백작은학교에서 '연애'를 주제로
가족회의가 열렸다. 오가는 연애 이야기가 불편하다는
안건이 올라온 것이다. 말을 꺼낸 학생은 마치 연애를
모두가 반드시 해야 하는 것처럼 깔고 들어가는 분위기가
싫다고 말했다. "연애 강요하다가 나중엔 결혼 강요로 가는
거 아냐? 싫어." 그 말에 여기저기서 "나도" "나도" 동의가
이어졌다. 청소년의 성과 연애에 대한 사회적 억압이
존재하는 한편으로 요즘은 '10대에 많이 경험해봐야
한다'며 아이의 연애를 유행처럼 추동하는 양육자도 많다.
'연애도 못 해봤냐'는 또래 집단의 야유도 흔하다. 학생들도
관심이 많은 만큼 동백작은학교에서도 연애는 환영이지만,
'연애가 필수' 같은 분위기가 싫다는 화제가 만들어지자
엄청난 공감대가 생겼다. "여기저기서 연애하고 싶다는
이야기들이 밈처럼 들려오는 것도 불편하다" "연애를 정말
한 번도 안 해봤냐며 몇 번이나 물어보는 건 이상하다"
"각자의 연애를 존중하지만, 10대에 반드시 연애를 해야만
하는 것처럼 말하는 게 싫다" "이전에 다니던 학교에서는

연애를 안 하면 바보란 소리까지 들었다. 우리 학교도 사실 다를 바가 없다" "나는 그래서 해봤다고 거짓말한 적도 있다" 등등, 성토에 이어 토론이 깊어졌다. 평소 수다가 끊이지 않았으므로 연애 이야기를 마냥 즐거워하는 줄 알았건만 그렇지 않았던 모양이다.

사실, 아이들의 토론은 사뭇 진지하고 심각하였으나 나는 이 이야기의 결론이 어떻게 이어질까 싶어 흥미로웠고, 결론이 어떻든 이러한 과정들이 페미니즘 교육의 주된 목적이기에 내심 뿌듯하기도 했다.

또 이어진 이야기는, 연애를 이토록 쉽게 이야기할 때는 이성애가 전제된다는 점이다. 남성 위주의 문화와 언어가 중심이 된 사회에서 그것을 인식하지 못한 채 살아가듯, 10대들의 연애 이야기도 마찬가지다. 이러한 토론에 결론이나 해답은 없다. 하지만 그렇다. 10대 때 반드시 연애를 해봐야 할까? 아니다. 우리가 흔히 말하는 대학-직장-결혼-육아가 공식이 아닌 선택이듯, '10대의 연애'도 그저 청소년들의 자유 의지다. 10대에 풋풋한 연애를 해야 한다는 표현 자체가 정말 어른들 입맛에 맞추어진 생각 아닌가? 이 기회를 통해 앞으로 동백 공동체가 함께할 약속들이 정해졌다. 앞으로 일상에서 이성애 중심 언어 사용을 같이 관찰하고, 구체적으로는 '연애 몇 번 해봤어?' '헐! 한 번도 안 해봤다고?' '아 남친(여친) 생겼으면 좋겠다.' '이 나이 되도록 연애도 안 하고 뭐 했냐?' 등 서로가 불편했던 말들을 기록하고 이런 말들은 쓰지 말기로 정했다. 이렇게 불타는 공감대 위에서 정해진 약속들은 상호 감시(!)하에 빠르게 정착된다. 이후 동백에서 이 문제는 말끔히 사라졌다.

　　　이것은 어쩌면 단순한 연애 그 너머의 이야기이다. 학생들에게 성과 사랑을 가르칠수록 이 교육이 10대들에게 나는 생각지 못했던 다양한 감각을 제공한다는 점을 실감하게 된다. 자신에 대해, 사회에 대해 배우고 생각하면서 학생들은 페미니즘적 감각으로 일상에 균열을 만들어간다. 연애를 금기시하는 학교와 연애를 부추기는 어른들 사이에서 자신은 어떻게 느끼는지, 어떻게 하고 싶은지를 생각하고 토론한다. 이 모두가 페미니즘 교육으로부터 시작된 것이다.

전면 채식 학교? 그게 가능한가요?

동백작은학교 이전, 간디학교에서 근무할 때 모 학교
청소년 페미니즘 동아리 부원들이 학교를 방문했다. 모두
표정이 너무 어두웠다. 학교 안에서 '페미니즘으로 인해'
여학생과 남학생들 사이 불신이 쌓여 어떻게 해결해야 할지
모르겠다는 이유였다. 무슨 말만 하면 '너 페미냐?'는 조롱이
따르고 툭하면 여학생들에게 남학생들의 공격이 쏟아지다
보니 페미니즘 동아리를 하기가 두려워졌다는 것이다.

　　"페미니즘으로 인해 여남 사이 불신과 갈등이
심해져 분열된다"고 말하지만 이는 갈등이라 칭할
문제는 아니다. 유튜브로 페미니즘을 배운 남학생들의
잘못된 인식들로 인한 폭력이다. 동아리 담당 선생님조차
교사들과의 소통이 힘들고, 페미니즘을 실천하는
아이들에게도 미안하다며 눈물을 흘리셨다. 다른 교사들과
합심해 해결할 문제도 아니었다. 교사들은 더욱더 감수성이
없을 뿐더러 교실 안에서 차별적 언어들을 스스럼 없이
뱉는 게 오히려 교사라고 했다. 페미니즘을 공부하는
학생들이 학교 안에서 좌절하는 이유다. 페미니즘에 관한
비틀린 인식을 바로잡지 못하는 학교 공간에서 혐오에

내몰린 학생들은 위축될 수밖에 없다. "처음에는 정말
친하게 잘 지냈는데……."

　　실천하는 사람이 이상한 취급을 받는다는 점에서는
채식도 페미니즘과 비슷하다. 성평등을 위해 페미니즘이
필요하다고 말할 때 무수한 공격을 받는 것처럼 환경을
생각해 비거니즘을 실천한다고 말할 때 불편한 심기를
드러내는 이가 많다. 특히 청소년이 채식을 하겠다는
의지를 낼 때, 그들은 무수한 의심에 논리적 언어로 맞서야
한다. 하지만 기후 위기와 채식의 필요에 대한 감각을
지닌 모든 청소년이 주위의 의구심을 남김없이 방어할 수
있을까? 애초에 우리 사회에는 관련 교육도, 의지를 표현할
언어를 찾을 통로도 제한되어 있다.

　　동백작은학교는 전면 채식을 실천하고 있다.
'페미니즘 교육'을 전면에 내건 것처럼, 비거니즘에
대해서도 10대들을 위한 안전한 울타리를 만들어주고
싶었다. 전국 유일무이 '기후 위기를 위한 전면 채식'을 내건
페미니즘 학교다. 이 가치와 실천에 동의하는 사람들만
지원하는 작은 학교인 것이다. 이 울타리 안에서는 '너
페미야?' '너 채식한다며?' 같은 질문이 주류의 억압으로
기능할 수 없다.

또한 동백작은학교가 전면 채식을 실천하는 것은 교육 대전제가 페미니즘이기 때문이기도 하다. 채식과 페미니즘은 연결되어 있다. 기후 위기는 기후 난민, 불평등 심화, 온난화, 동물들의 고통, 사라져가는 숲과 생태계 파괴 등 무수한 재난으로 이어진다. 이 재난의 근원에 인간이 있으며, 인간이 다른 종을 마음대로 파괴해도 된다는 관념과 문화가 있다. 이는 가부장제의 구조와 닮아 있다.

2019년 16개국의 과학자들이 모여 '인류세 식단'을 발표했다. 그들은 심각한 기후 위기에 우려를 표하며 전 인류가 채식에 기반한 식단을 선택해야 한다고 했다. 공장식 축산업이 오늘날의 기후 문제의 주범임을 더 말해 무엇하겠는가?* 인류세란 인간이 지구 시스템을 교란하는 막강한 힘으로 등장한 시기, 즉 인류에 의해 빚어진 위기의 시대라는 의미에서 지질학적 연대로 제안된 명칭이다. 이 관점에서 인류세는 지구 역사상 전례가 없는 회피의 시대이며, 인간 문명의 근본적 변화를 요하는 개념이다.

그렇다 하더라도, 동백작은학교의 학생들이 단순히 이론적 당위만으로 채식을 했다면 실천에 어려움이 따랐을 것이다. 신·편입생들은 동백에 입학하자마자 다양한 매체를 통해 채식에 대해 공부한다. 함께 비거니즘을 배우면서,

---

• 유엔식량농업기구(FAO)에 따르면 전체 온실가스 배출량 가운데 교통수단이 배출하는 온실가스가 13.5퍼센트인데 축산업의 배출량이 18퍼센트를 차지한다.

단순히 기후 위기를 막기 위해 채식을 '강요받는' 것이 아닌 비거니즘을 실천한다는 행위 자체의 의미를 인지하도록 한다. 이 과정에서 학생들은 식생활이 자신들이 생각해온 것 이상으로 세상과 그물망처럼 연결되어 있다는 사실들을 감각적으로 알아차리기 시작한다. 또한 바다 생물들이 고통을 느끼며 죽임을 당하고, 소를 기르기 위해 가난한 나라를 착취해 숲을 사라지게 하고, 갓 태어난 어린 송아지를 엄마에게서 떼어내 우유를 생산하고, 갇힌 동물이 끊임없이 강간을 당하며 '고기'를 생산해내는 이 구조가 가부장제의 억압된 구조와 닮았음을 이해한다.

모든 것은 연결되어 있다. 페미니즘을 배운 학생들은 이러한 감각으로 많은 것을 이해하고 경험하며 실천한다. 물론 채식 실천은 동백의 교육 과정일 뿐, 학생들이 가정에 돌아가는 기간이나 학교 밖에서 먹는 메뉴에까지 강제될 수는 없다. 하지만 입학 초반에만 해도 집에 가는 날이면 "아빠 오늘 한우^{go} 고" 하며 돌아가던 학생이 두어 달이 지나자 자발적으로 고기를 찾지 않게 되는 모습을 보면 학교에서 추구하는 가치와 철학은 분명 이들의 삶으로 스며들고 욕구를 변화시킨다.

지금 동백작은학교에서 채식은 문화로서 축적되어

있다. 마치 한국의 전통문화인 양 통용되는 '회식은 고기' '가족 모임은 바비큐' 같은 공식은 동백에는 성립하지 않는다. 맛있는 식사라 하면 고기, 제주에 왔다 하면 제주흑돼지, 사람들은 모였다 하면 어디서나 고기를 굽고야 만다. 여기저기 살 굽는 냄새가 가득하다. 학생들은 이 풍경에 눈살을 찌푸린다. "우리는 언제부터 사람이 모이면 고기를 굽기 시작했을까?" 스스로 질문을 던진다. 그리고 학교 식탁에 올릴 채식 메뉴를 탐구한다. 동백에는 채식 요리책이 아주 많다. 학생들은 놀듯이 책들을 뒤지며 침을 꼴깍꼴깍 삼키고, 먹고 싶은 메뉴들을 골라 동백의 식단에 넣는다. 다양한 채소밥을 짓고 '동백 시그니처 요리'를 창시한다. 모둠별로 식단을 짜는데, 그 안에서 히트 메뉴가 나오면 모두가 대단히 뿌듯해진다. '대히트 메뉴'였던 채식 감자탕을 먹는 날, 텃밭에서 직접 길러 나무처럼 자란 깻잎을 산더미처럼 수확해 탕 속에 넣으면 모두의 기쁨이 배가된다. 추구하고 지키는 가치들이 삶에서 즐거움으로 연결되는 순간이며, 바로 이 감각이 동백 교육을 통해 학생들에게 건네고자 하는 요체다.

학교 축제가 끝나거나 양육자를 포함한 모든 동백 공동체가 모여 단체로 식당을 갈 때면 곤란을 겪기도 한다.

단체로 채식을 할 수 있는 식당이 그리 많지 않기 때문이다.
하지만 다수가 함께하는 문화가 채식이다 보니 고기를 못
먹어 불편하다고 느끼기 이전에 자연스럽게 채식 식당을
찾는다. 우리의 일상에 이미 채식이 자연스러워지면
'실천'에 대한 큰 뿌듯함도 없다. 학교의 모두가 전면 채식을
한다고 말하면 사람들은 놀라지만 우리는 이미 새삼스럽지
않다. 동백작은학교는 채식 실천을 넘어 그저 채식을 하며
'살아가고' 있는 것이다.

　　　동백작은학교의 전면 채식은 기후 위기에 적극
대항하는 선택이기도 하지만 가부장제적 파괴, 죽음의
소비에 저항하는 페미니즘 실천이자 '촉수의 관계망'을
꿈꾸는 돌봄의 정치이기도 하다. '촉수'는 더듬이로 타자와
연결된 수단으로, 도나 해러웨이는 '촉수 사유'를 요청한다.
이는 논리적 사유가 아닌 감각적 사유를 의미한다.
해러웨이는 인류세의 상징을 '불타는 숲'이라고 했다. 그는
숲을 불태우는 인류세, 자본세를 극복하고 쑬루세°로
나아가자고 제안한다. 그가 창안한 쑬루세의 특징을
보여주는 핵심 개념은 퇴비다. 이는 탈인간중심주의의
형상으로, 복수의 종은 퇴비 더미 속에서 예기치 않게
협력하고 결합하며 살고 죽는다. 인간 중심적 사고에서

---

* 　쑬루세(Chthulucene)는 그리스어 크톤(khthon)과 카이노스(kainos)의
합성어로, 손상된 땅 위에서 응답-능력을 키워 살기와 죽기라는 '트러블'과
함께하기를 배우는 일종의 시공간을 가리킨다.

벗어나 겸허한 태도로 '함께 어우러지기'를 제안하는
개념이다. 채식을 통해 동백의 학생들이 배워가는 감각이
여기에 가깝다. 동백 공동체는 해러웨이의 관계망을
지향한다. 인간들만이 아닌 다양한 생명 종과 그 외
물질들이 그물처럼 함께하는, 촉수의 관계망이다.

관계망의 확장—동백 공정여행

동백작은학교를 학생들의 '울타리'가 되어주는
교육공동체로 만들고자 했지만, 닫힌 울타리를 원한 것은
아니다. 배움이 학교라는 물리적 공간 안에 머물러서는
안 된다. 동백 공동체는 매해 모두 함께 여행을 떠난다.
매해 여행지에 따라 사전에 그 나라의 문화를 배우고,
여행 일정을 통해서는 지구에 의미 있는 발자국을 남기기
위한 다양한 활동을 기획한다. 여행은 그 자체로 해방의
의미를 담고 있다. 소비 상품처럼 구성된 동시대의 여행과
구분하고자 동백의 활동을 공정여행이라 이름 붙였다.
동백의 공정여행은 '나누는 삶'에 초점을 두며, 여행의

의미를 새롭게 발견하는 활동이다.

2024년 여행의 주제는 '미얀마 난민 여성과 함께 나누는 삶'이었다. 30년 이상 지속되는 미얀마 내전은 2021년 미얀마 군부 쿠데타와 시민들의 불복종으로 무력 충돌과 민간인들의 피해가 이어지는 폭력적 상황이 지속되고 있다. 특히 카렌족은 독립을 시도한 적이 있다는 이유로 군부의 타깃이 되었다. 태국과 미얀마 국경의 카렌족 민간인 거주 지역에 군부의 폭력이 자행되었고 카렌족은 거주지를 떠나 대규모로 이주해야 했다. 그리고 내전이 지속되면서 이들은 다시 한번 태국의 국경을 넘는 긴 탈출을 무릅써야 했다. 이 과정에서 난민들은 방화, 폭행, 살해, 강간 등 폭력에 노출되었다. 지속적 폭력 상황은 누구보다 여성과 아이들에게 깊은 상흔을 남기고 있었다.

미얀마 난민 여성들을 만나러 떠나기에 앞서, 매해 그래왔듯 사전 공부에 공을 들였다. 공정여행, 난민, 평화라는 키워드로 다양한 책을 읽고 발제를 하는 한편 멋진 활동을 하는 사람들도 만난다. 일명 '사람책' 수업. 우선 공정여행 가이드북 『희망을 여행하라』의 저자이자 평화 활동가 임영신 선생님을 청해 이야기를 들었다. 임영신 활동가는 평화 활동 단체 이매진피스*의 대표이기도 하다.

---

* 2006년부터 문화, 예술, 교육, 시민운동, 출판 등 다양한 분야에서 평화를 위해 일하는 사람들의 네트워크. 인도네시아 아체, 이라크 바그다드, 필리핀 민다나오, 파키스탄 지진 피해 지역 등에 평화도서관을 만들고 공정이라는 키워드를 여행에 접목해 세상을 바꾸는 여행에 대한 상상과 행동을 나누고 있다.

상품이 아닌 여행의 방식을 상상하고, 다양한 세상을 만나는 자세를 성찰하는 시간이었다.

동백작은학교의 공정여행 사전 공부는 거의 한 해에 걸쳐 지속되는 주제다. 청해 만나는 전문가 선생님도 다양하다. 솔가 선생님이 "재난과 기후 위기 속에서 예술은 무엇을 할 수 있을까?"라는 주제로 살아온 이야기를 들려주었을 때는 학생들의 질문이 끊임없이 쏟아졌다. 여행, 예술, 평화라는 주제로 막연히 상상만 하던 삶을 실현하는 인물을 만난 자극이 대단한 듯했다. 난민 활동가 박진숙 선생님과의 수업도 뜻깊었다. 한창 다 같이 난민에 대한 책도 읽고 영화도 보며 공부했다고 생각했는데 직접 현장에서 난민의 삶을 함께 나눈 분의 이야기를 생생하게 들으니 또 이해의 깊이가 달랐다.

이어 직접 평화 기금 마련 활동에 나섰다. 학생들이 물품을 모아 판매 수익을 난민 여성학교 친구들에게 전달하기로 정하고, 바자회와 공연을 열어 많은 응원을 받았다. 그러나 이어진 야외 기금 마련 활동 계획이 제주의 변덕스러운 날씨로 두어 차례 취소되었다. 근심이 커져갈 때, 제주의 제로웨이스트 상점 지구별 가게에 도움을 청했다. 지구별 가게 이경미 이사장은 동백의 사연을 듣고 어떤 조건도 없이 "도울 수 있는 일은 모두 돕겠다"고 나서주셨다.
가게 한자리를 내어주셨고, 더 큰 마음을 보태어 여성
난민들을 위한 면생리대 200개와 유기농 속옷 50여 장을
후원해주셨다. 그들에게 무엇보다 절실한 물품이다.

　　　이 1년의 사전 공부는 여행을 시작하기에 앞서
여행을 완성해가는 과정이 된다. 동백의 학생들은 지구에
멋진 발자국을 남기고 있는 여성들을 만나 그들의 삶을
배운 상태로 길을 떠난다. 이미 경험한 관계망을 통해
청소년들은 여성들의 연대에 축적된 경험, 그 경험들이
이어져온 감각의 역사를 알아차린다. 이를 통해 학생들이
몸과 마음으로 익히는 평등과 평화가 눈에 보일 정도다.
난민학교 친구들을 위한 학생들만의 선물도 따로 준비했다.
그들이 케이팝을 좋아한다는 정보를 얻어 춤과 노래를
하기로 정했다.

　　　마침내 여행을 떠나 직접 대면한 현장은 누구도
예상치 못한 매일의 감동으로 채워졌다. '난민의 특수한
상황을 이해해야 한다'며 잔뜩 준비했지만, 막상 함께
시간을 보내자 또 달랐다. 처음 동백 친구들은 혹시 상처를
주진 않을까, 실수를 하지 않을까 걱정하며 신경이 곤두서
있었고 표정도 부자연스러웠다. 하지만 이국의 청소년들은

선입견을 던지고 빠르게 거리를 좁혔다. 꼬리표를 지우고, 각자의 이야기를 가진 또래의 친구를 만나는 기쁨을 누리기 시작했다. 그 마음들이 공명하는 모습을 나는 빠짐없이 눈에 담았다.

동백작은학교가 방문한 곳은 미얀마 국경과 인접한 태국 매홍손 국경 지대로, 재난에 안전하지 않은 지역이다. 청소년들을 인솔해야 하는 책임자로서도 난관이 이만저만이 아니다. 홍수, 단수, 단전, 산사태를 모조리 겪은 여행길이었다. 난민학교 친구들에게 선보일 공연을 위해 북 장구 징 꽹과리를 이고 진 동백 친구들은 어느새 온갖 상황을 기꺼이 받아들이며 협력하는 지구별 여행자가 되어 있었다. 무더위에 땀을 하도 흘려서 옷을 쥐어짜면 물이 쏟아질 정도였지만 "땀 많이 흘린 덕분에 화장실 한 번도 안 갔다"고 좋아하며 챙겨 간 줄넘기들을 꺼내 다시 땀을 뻘뻘 흘리면서 단체 공연을 했다.

케이팝 춤을 준비한 것도 탁월한 선택이었다. '하입보이' 공연에 이어 난민 친구들과 같이 '마라탕후루'를 추는 문화 대소통의 현장이 펼쳐졌다. 그렇게 친밀해진 학생들은 쉴 틈 없이 자신의 이야기를 나눴다. 눈물로 말을 잃는 순간도 많았다. 눈앞에서 친구가 죽는 걸 목격한

이야기, 가족들이 '너라도 가라'고 막아줘서 홀로 겨우
탈출한 이야기를 들으며 동백 학생들은 준비한 질문을 차마
뱉지 못하고 삼키기도 했다. 원래 "너한테 행복은 뭐야?"
같은 걸 물어보고 싶었는데, 그들에게 "나는 아이스크림
먹을 때 행복하다" 같은 말을 할 수가 없었다고 한다. 통역을
맡아주신 선생님도 목이 메어 계속 멈추어야 했다.

　　　세계 곳곳에 여전히 전쟁이 일어나고 있지만, 한국의
학생들에게 전쟁이란 어쩌면 와닿지 않는 먼 주제다.
하지만 이제는 다르다. 직접 만나 마음을 나눈 사람의 삶,
온전했던 일상이 전쟁으로 송두리째 사라진 이들의 몸과
마음을 느꼈기 때문이다. 도움을 주겠다고 이것저것을
준비해 갔던 여행에서 동백 학생들은 오히려 더 많이
배웠다. 이제 '미얀마 내전이 끝났다더라'는 소식을 들으면
동백 학생들은 모두 부둥켜안고 울며 춤을 출 것이다.
전쟁이 어떤 것인지, 전쟁이 끝났다는 게 어떤 것인지를
조금은 더 알게 되었기 때문이다. "이렇게 누군가의 행복을
진심으로 빌어본 건 처음인 것 같다"고 말하며, 평소 잘 울지
않는 배낭이 눈을 적셨다.

처음에 많이 긴장하고 조심스러웠는데 만나보니
너무 그냥 또래 친구예요. 함께 놀고 춤추고 할 때는
이 친구들이 난민이라는 사실조차 잊었어요. 그런데
이런 친구들이 전쟁으로 그런 일을 겪었다는 게 (…)
빨리 전쟁이 끝났으면 좋겠어요. 나우

한편 서로는 난민학교 친구들의 미소에서 평화를 보았다.

이제 저한테 평화는 웃음이에요. 그 친구들의 예쁜
미소를 볼 때 큰 평화를 느꼈어요. 언제나 그들의
웃음을 보고 싶고 평화와 희망을 안겨주고 싶어요.
서로

동백작은학교의 학생들은 이번 만남이 일회성에 그치지
않도록, 돌아온 뒤에도 다양한 연결을 모색하고 있다. 연일
쏟아지는 지구촌의 전쟁과 아픈 소식들 속에 동백 친구들과
난민 여성학교 친구들의 만남은 위대한 평화의 시작으로
보였다. 이 여행에서 이게 정말 교육운동이고 페미니즘이고
평등을 위한 실천임을 몇 번이고 느낄 수 있었다. 성별,
종교, 나라, 문화 등 차이를 넘어 서로를 존재 자체로 바라볼

수 있는 힘, 학생들은 페미니즘 수업에서 지금까지
이야기해온 모든 것을 훨씬 더 잘 이해하게 되었다. 따블르!*

난민 여성학교를 찾은 이유

난민 캠프에서도 여성들은 가장 취약한 상황에 놓여 있다.
열악한 상황에서도 가정과 양육을 책임져야 하며 조혼, 강간,
폭행에 노출된다. 예를 들어 전기가 차단된 환경이라고 하면
보통은 시야 불편이나 더위를 염려하지만, 난민 여성들은
어두운 틈을 타 자행되는 성폭행을 겪는다. 동백작은학교에서는
이런 사정을 듣고 태양광 조명을 선물하기도 했다.

난민 여성학교는 이렇듯 고통받는 여성들이 문제의 일부에
머물지 않고 변화의 일부로 나아가도록 하는 출발점이다. 난민
여성들을 대상으로 교육, 사회경제적 지위를 만들기 위한 자립
프로젝트, 평화와 치유 프로그램을 펼치고 있다.

난민 여성 경제 자립 지원 단체 위브^{WEAVE}
(Women 's Education for Advancement and Empowerment)

위브는 1990년대 초 미얀마 내전으로 인해 터전을 잃고
태국 국경지대로 쏟아져 들어오는 난민들을 지원하기 위해
시작된 NGO로, 지난 30년간 난민들의 삶을 지원할 뿐 아니라
특히 난민 여성들이 변화와 해결의 주체가 되도록 수공예와
공정무역을 통해 함께 일해왔다. 2012년 공정무역 기업으로

거듭나면서 난민 여성 장인들의 기술로 경제적 자립이
가능하도록 돕는다. 현재 60여 명의 여성 장인이 직조 공예품을
생산하며 공정무역을 통해 발생한 수익 70퍼센트는 지역의
난민 어린이 교육, 소녀 지원, 가정폭력 예방 등에 쓰이고 있다.
코로나 시기 캠프 내 남성들의 수익이 절반 이상 감소하여
어려움에 직면했으나 위브의 장인 여성들이 수익 8할을
유지하며 가정을 지켰다.

2015년부터 17~24세 난민 여성 중 내전 상황에서 구출된
소녀들을 위해 여성학교를 설립한 것도 위브다. 학교를 통해
여성들이 캠프 내에서 변화의 주축으로 성장하도록 돕고 있다.

> 난민 여성들이 처음 직조를 할 때는 천이 빳빳하게
> 나옵니다. 전쟁으로 인한 슬픔, 가족을 잃은 분노로
> 긴장되어 힘을 주기 때문입니다. 하지만 직조하는
> 여성들은 자신의 손을 통해 창조적인 힘이 나오는 것을
> 경험합니다. 자신의 능력을 발견하고 작업 자체에 집중할
> 수 있게 되면서 치유와 평화가 함께 일어나고 있습니다.
> 그러면 점점 천은 부드러워집니다. 이것은 단순히 직조를
> 통해 상품을 만들어내는 것을 넘어 사랑과 조화를 엮어
> 존엄을 되찾는 위대한 과정입니다.
> ─위브 대표 미토스의 말

위브는 이매진피스와 2019년 경기도 공정무역 포럼, 부산
문화다양성 포럼 등을 통해 지속적으로 협업하고 있다.

3장　동백의 모험

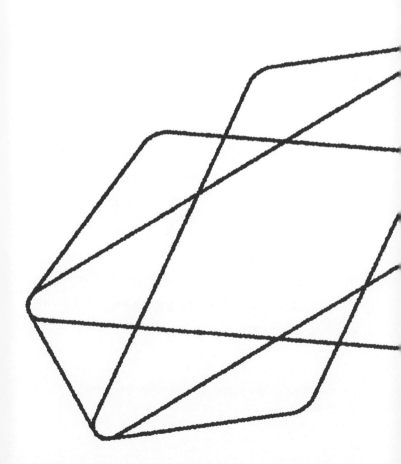

우울의 시대에 청소년들은 "개짜증 나"

> 학생들에게 '젠더' 얘기하면 화를 낸다. 가부장제에
> 의한 구조적 '억압'보다 개인적 '억울함'을 먼저
> 얘기해야만 수용성이 높아진다. 페미니즘이 '선한
> 윤리'를 기반으로 하는 사유 방식이자 실천임을
> 증명하고 설득하는 교육에는 수많은 난관이
> 존재한다.
> ─2024 한국여성학회 춘계학술대회 기조 세션 발표 중[•]

청소년들은 감각적으로 평등하지 않다는 것을 느끼고
있지만 또한 권력 구조 안에 갇혀 있다. 시험이라는 기준을
통해 눈에 보이는 결과치만이 공정하다고 여겨지는
환경에서 이미 불평등은 기본값이다. 이런 사회에서는
시험이 아닌 어떤 다른 방식을 취하더라도 경제 수준에
따른 격차, 입시 경쟁, 불평등 구조가 재생산된다.
청소년들은 친구가 곧 경쟁자인 일상에서 비교와 좌절을
겪고 있다.

청소년들의 언어는 '개짜증 나' '어쩔' '극혐' '관종'
'존나' 등으로 뒤덮여 있다. 자신의 감정이 어떻고 무엇을

[•] 『한겨레21』 1519호 "딥페이크·불법촬영… '디지털 폭력 산업' 얼굴을
찾아라".

표현하고 싶은지 표현할 어휘를 잃은 학생이 정말 많다. 자신의 말을 갖지 못한 채, 자신과 서로를 돌볼 틈 없이, 학교에서 학원으로 이어지는 빡빡한 시간표를 수행하고 난 뒤 이들은 사이버 공간으로 들어간다. 두려움과 고립감, 무기력, 불안, 수치심, 분노, 슬픔과 죄책감 등을 온라인 필터를 쓴 자아로 표출한다. 자기다움을 잃은 채, 뒤섞인 불온한 감정들을 발산하는 것이다.

　　　우울의 시대, 불평등을 느끼고 그 자신이 억압당하면서도 혐오 문화에 이끌리는 청소년들을 그렇다면 어떻게 가르쳐야 할까? 동백작은학교는 청소년이 자신을 잃지 않고 살아갈 힘을 기를 수 있는 공동체 문화를 지향한다. 함께 밥을 지어 먹고 함께 자며 많은 것을 나눈다. 얼마 전 동백 친구들끼리 가족 소개를 주제로 영작문을 해 발표한 적이 있는데 뜻밖에도 거의 절반이 '동백 가족'을 소개했다. 원가족 구성원을 나열하며 "엄마, 아빠 (…) 이렇게 있는데 더 할 말은 없고, 동백 가족이라는 게 있는데……." 학생들은 자신이 속한 동백 공동체에서의 갈등, 소통, 나눔, 위로 등을 글 속에 표현했다. 그들이 정의하는 가족의 관념이 동백 공동체에서의 삶을 통해 갖가지 형태로 확장된 것을 볼 수 있었다.

동백 가족들은 종종 원을 만들어 이야기를 나눈다.
각자가 경험한 차별들을 이야기하다 보면 기발하리만치
다정한 공감이 쏟아져 나온다. 공감할 수 없는 상황이라도
혹은 특수한 어려움을 가진 친구가 있어도 배제하지
않는다. "같이 할 수 있는 걸 찾아줄게." 한 학생은 동백에
오기 전 또래 집단에게 극단적 학교폭력을 당해 자해를
시도할 정도로 마음이 힘든 상태였다. 그런데 동백에
온 뒤 놀랍도록 달라졌다. 초반에는 상담의 연속이었다.
긍정적인 마음이 들 때마다 학생 스스로가 부정하기도
했다. 집에 가면 다시 어둡게 가라앉는데 학교에서만
"이렇게 행복해도 되는지 모르겠다"며 불안해했던 것이다.
매일 밤 따로 이야기 시간을 갖고 "조금씩 넓혀가보자"며
긍정적인 마음을 '퍼센트'로 표현해보기를 권했다. "몇
퍼센트 된 것 같아?" 100퍼센트가 될 때까지, 그의
회복을 함께 들여다보았다. 무엇보다 동백 친구들의 힘이
강력했다. 학생은 처음엔 자신이 이 작은 학교에 어두운
영향을 끼치는 것 같다며 두려워했지만, 친구들은 "계속
힘들어해도 괜찮다, 좋은 척하지 않아도 된다"며 언제나
같이 어울렸다. 그의 치유는 극적인 과정이었다. 그 변화를
보며 나는 또래 집단에서 자연스럽게 이루어지는 회복의

힘을 신뢰하게 되었다.

　　영국의 학술 활동 단체 더 케어 컬렉티브는 『돌봄 선언』에서 '난잡한 돌봄'을 이야기했다. 여기서 난잡함이란 더 많은 돌봄을, 현재 기준에 비추어 실험적이고 확장적인 방법으로 실천하는 것을 의미한다. 인간, 비인간을 막론하고 모든 생명체 간에 이루어지는 모든 형태의 돌봄이 필요와 지속 가능성에 따라 공평하게 그 가치를 인정받고 사용되어야 한다는 것이다. 우리는 너무 많은 돌봄 요구를 너무 오랫동안 시장과 가족에 의존해 해결해왔다. '난잡하다'는 것은 차별하지 않는다는 의미다. 차별 없이, 훨씬 넓은 의미의 돌봄 개념을 만들 필요가 있다.

　　동백작은학교는 차별에 맞서는 새로운 돌봄 형태를 탐구하며 우울의 시대를 넘어가는 중이다. 청소년들의 자유로운 언어와 표현을 통해 더 넓은 범위의 돌봄을 실현하고 있다. 어른들이 가질 수 없는 감각을 발휘하는 청소년들을 만나고 있으면, 사회가 이런 돌봄 중심 교육으로 나아가야 할 필요를 나날이 절감한다. 페미니즘을 통해 진정한 평등을 배우고 그로써 우리 앞에 놓인 벽의 정체를 인지한 청소년들은 배움 이상으로 섬세하게 세상의 문제를 직시한다. 정체성, 경제적 배경, 장애, 인종의 다양성을 수용하는 환경에서 이들은 비로소 사회의 권력 구조에 의해 획일화된 틀을 벗어나 자신의 감각으로, 자신의 목소리를 세상과 연결 지을 수 있게 된다.

우리는 모두 청소년이었다. 그 감각적 경험들을 통해 청년이 되고, 노인이 된다. 청소년들의 언어는 이 시대의 구조적 억압을 표현하는 언어이며 미래를 이어가는 언어이고 질문이라 느낀다. 페미니즘이 그러한 감각들을 끊기지 않도록 이어주는 끈이 되는 것을 본다. 세상과 느슨하게 또는 단단하게, 가늘게 또는 팽팽한 긴장감으로 연결되어 진정한 평등의 혁명을 일으키고 있다고 믿는다.

> 우리는 과거와 현재의 희생자이다. 과거와 현재는 사랑으로 향한 길에 너무나 많은 장애물을 놓았다. 우리는 평화로울 때조차도 우리가 다르다는 사실을 즐길 수 없다.
>
> —아마 아타 아이두, 「우리 자매 킬조이」*

* 『벨 훅스, 경계 넘기를 가르치기』(2008)에서 재인용.

아이가 달라졌어요

주에 두 시간의 페미니즘 수업은 잠깐인 것 같지만 상당한 변화를 가져온다. 사회의 성차별과 역사를 꾸준히 배우고 그 감각을 각자의 일상으로 연결하는 시간을 주기적으로 갖는 10대들은 완전히 다른 문화를 만든다. 무엇보다 함께 이 수업을 듣고 생활하는 10대들 사이에서는 기본적인 의식주부터 수업의 편성, 동아리 활동에서까지 성차에 의한 구분이 거의 사라진 것을 목격할 수 있다. 이는 특히 구분에 더 익숙한 양육자들의 눈에 잘 포착된다.

> 아이들이 직접 밥을 지어 먹잖아요. 음식 성분에 대한 조사부터 식단표까지 아이들이 직접 하고 함께 밥을 해 먹는데, 거기에 '여성이다' '남성이다'라는 개념이 없는 거죠. 그러니까 그냥 당연히 나눠서 하는 거예요. 뭔가 사회에서 보편화되어 있는 구조처럼 돌봄이라든가 식사 당번 같은 것을 여성에게 비중을 두거나 하는 관념 자체가 없잖아요. 남학생들도 가사노동을 자기 활동의 일부라고 생각하는 그 자체가 중요한 것 같아요. 그런

> 아이들을 보면 페미니즘 교육 과정이 일상에 잘
> 반영된 것 같아서 바람직하다고 생각하고 있어요.
> 양육자1

양육자1은 페미니즘 교육으로 인해 수업뿐 아니라
의식주와 관련된 일상에 성평등 문화가 스며드는 것을
만족스러워했다. 아이가 보여주는 아주 자연스러운
성평등 실천이 사회적으로는 '특별하다'는 것을 인지하는
기성세대로서는 눈에 띌 수밖에 없는 변화다.

> 아이들의 일상에서는 너무나 당연해진 이 성평등
> 구조가 다른 데서는 되게 특별한 거예요. 이
> 친구들은 이 문화 속에 사니까 당연하게 해나가는데
> 외부에서는 '남자는 무거운 걸 들고 여자는 가사를
> 해야 해' 등의 문화들이 여전히 있으니까. 그런데 이
> 아이들은 그런 편견 없이 지금 살고 있으니까 너무
> 좋죠. 어제 아이랑 이야기하는데 본인도 그게 뿌듯한
> 듯했고, 학교가 너무 안전해서 할 말 다 한다는 말이
> 너무 좋았어요. 근데 밖에 나가서는 여전히 말 못
> 하겠대요. 안전하지 않다고 생각하나 봐요. 하지만

이전과는 분명히 달라요. 말은 못 하지만 어떤
방식으로든 표현하려고 하더라고요. **양육자1**

양육자 역시 페미니즘 교육으로 인한 아이의 성장을
긍정적으로 느낀다. 하지만 사회에 대한 불안감은 해소되지
않는다. 양육자1은 딸의 성장을 보며, 사회가 여성들에게
주는 불안감을 해소하기 위해서는 모든 학교에서 페미니즘
교육이 반드시 필요하다고 강조하기도 했다.

한편 동백의 수업에 '충격'을 받은 양육자도 있다.

딸이 피자매 수업을 듣고 와서 저에게 생리대를
사 오라는 거예요. 저는 위로 누나들이 있는데……
아니 결혼하고서도 제 눈앞에 생리대가 보인 적이
없어요. 누나도 그렇고 애 엄마도 계속 감췄어요.
안 보이는 데 두거나. 근데 학교에 가니까 월경의
날이라고 생리대에 빨간 칠을 해서 그게 강당에 붙어
있는 거예요. 저는 충격적이었는데 애는 아무 거리낌
없이, (또 예전에) 애 엄마는 집에 없고 제가 있을 때
생리대를 저보고 사 오라는 거예요. 어떡해요. 마트
가서 사 오는데 엄청 부끄러운 거예요. 근데 애는

아무렇지도 않아. 집에서도 생리혈이 많이 나온다는
둥, 생리통 때문에 배가 아프다는 둥 아무렇지도
않게 말해서 이제는 좀 익숙해졌어요. **양육자2**

동백작은학교에서는 신입생과 재학생의 구분이 있을
정도로 두드러진 차이가 하나 있다. 신입생은 생리대를
구할 때 정말 작은 목소리로 말한다. 그러면 먼저 들어온
학생들은 "뭐라고? 생리대 있냐고?"라고 하며 일부러 큰
목소리를 낸다. 선후배가 없는 체계지만 재학생들은 함께
만들어가고 있는 문화에 신입생이 자연히 섞여들 수
있도록, 의지를 갖고 아주 능동적으로 나선다. '여기서는
생리를 숨기지 않아도 되고, 남학생들도 같이 생리
이야기를 한다'는 것을 자연스레 이해하도록 하는 것도
비슷한 맥락이다. 그러면 신입생들도 수업을 듣고 대화의
시간을 쌓으면서 곧 편해지게 된다. 월경을 여자들만의 일,
숨겨야 할 일, 떳떳하지 못한 일처럼 취급하는 문화에서는
월경이 여성혐오의 소재가 된다. "맨날 생리 때문에 배
아프대" 하는 빈정거림부터 '피싸개'와 같은 혐오 발언,
'생리휴가'에 대한 비이성적 집단 공격 등이다.
동백작은학교에서 월경대 색칠하기부터 시작해 선택

방법까지를 남학생들에게도 함께 가르치는 이유는
남학생들이 겪지 않는 상황에 대해 알게 하기 위해서다.
많은 혐오가 무지에 기반한 타자화에서 생겨나기 때문이다.
여성이 월경을 안전하게 관리할 수 있기 위해서는 국가가
그러한 환경을 만들 의무를 져야 하며 이는 성·재생산·여성
건강권 논의와 연결된다.[•] 학교도 그럴 의무가 있다.

배움으로써 학생들은 변한다. 그리고 그 변화를
양육자들이 느끼며 그들 역시 변화한다. "누나도 애 엄마도
계속 감췄"기에 생리대를 일생 본 적도 없던 양육자2가
생리대를 직접 구매할 수 있는 사회 구성원이 되는 것처럼
말이다.

> 세계 월경의 날 행사 때 수업 듣는 형, 누나들이
> 막 강당에 '당당하게 피 흘리자' 등의 문구로 포토
> 존도 만들고 생리대를 칠해서 며칠마다 얼마나
> 생리량이 늘어가는지 붙였잖아요. 저는 엄마가
> 워낙 월경에 대해 많이 이야기해주고 몸의 현상에
> 대해 성교육을 엄청 많이 해줬거든요. 엄마한테
> 생리대를 갖다준 적도 많고 집에 돌아다니기도 해서
> 거부감이 없었는데, 초등학교에서는 또 그런 문화가

•   노지은, 2016.

> 아니니까 괜히 저도 조심하게 되는 거예요. 그런데
> 여기서는 친구랑 누나들이 자연스럽게 월경에 관해
> 이야기하고 설명해주고 하니까 편하게 이해하고
> 관심 두게 됐어요. 나우

나우의 경우처럼 가정 내에서 보고 배운다고 할지라도
학교에서 차별을 행한다면 청소년들은 그 구별을 빠르게
체득한다. 무지를 기반으로 차별을 재생산하는 일이
남학생들에게인들 이로울 리 없다. 교육해야 한다.
"친구랑 누나들이 자연스럽게 설명해주는" 환경에서
나우가 편안함을 느낀 것은 중요한 변화다. 월경 교육은
사소해 보이지만 크다. 동백에서는 생리가 여성의 '약점'이
되지 않는다. 오히려 퀴즈 시간에 생리 얘기가 나오면
남학생들이 어리둥절하고 여학생들이 폭소하는 장면들이
펼쳐진다. "생리를 어떻게 하는지 맞춰보자. 1번, 한 달 내내
피 흘린다. 2번, 한 달에 딱 하루 피 흘린다. 3번……" 이렇게
선택지를 주면 남학생들은 진지하게 추론(놀랍게도 아무도
정답을 모른다)하여 합리적이라 생각하는 자신만의 답을
내놓는다. "……그러면 일 년에 한 번 한 달 내내 해요?" 다들
교실이 뒤집어지게 웃었다.

제도권 학교의 친구들과 교육자들

동백의 교사도 양육자도 함께 변화하지만, 평등을 상식으로 삼은 문화에서 일상이 어떻게 달라지는지를 누구보다 날카롭게 느끼는 건 학생들이다. 그리고 동백의 문화를 편안하고 긍정적으로 느낄수록 이들은 제도권 학교에 의문을 품는다. 페미니즘에 지속적 관심을 갖게 된 우주는 평소에도 '내가 안 본 청소년 페미니즘 책 없나?' 둘러보고 영상도 찾아본다. 하지만 재밌는 걸 공유하려고 할 때 제도권 학교를 다니는 친구들과는 기준 자체가 다름을 느낀다.

> 친구들도 페미니즘에 거부감 없고 배우고 싶어하거든요. 근데 이야기 나누는 주제부터가 다르더라고요. 얼평, 몸평*은 너무 기본이고 누가 사귀면 쟤네 어디까지 갔나 섹스는 했나 이런 걸 뒤에서 거리낌 없이 말해요. 우리 학교에서는 있을 수 없는 일이죠. 페미니즘은 일상에서 정말 큰 영향을 끼친다고 생각해요. 아…… 샘. 진짜 모든 학교에서 페미니즘 교육을 해야 해요. 제 친구들 만나면 정말 장난 아니에요. 우주

* 얼굴 평가, 몸 평가

친구가 많은 우주는 더욱더 학교 페미니즘 교육의 필요성을 많이 느낀다. 성평등 공부가 일상에 대단히 밀접하게 닿아 있다는 것을 체감하는 만큼, 친구를 비롯한 제도권 학교의 수많은 또래가 여성혐오와 차별에 익숙한 모습이 괴로운 것이다.

제도권 학교의 여성혐오 '문화'는 이미 범죄의 영역이다. 2024년 8월 크게 공론화된 딥페이크·지인 불법촬영 성범죄를 보면 가해자 다수가 10대이며 피해자 중 여성 청소년의 비율은 그보다 높다. 제도권 학교가 젠더 감수성 교육을 사실상 방치한 결과다. 성평등은 정치적 사안이 아니다. 많은 교사가 이미 입을 모아 말하듯, 일상화된 페미니즘 교육, 비판, 성찰 외에 다른 답은 없다.

그럼에도 제도권은 성평등 교육을 더욱 적극적으로 방치하고 있다. 생각보다 많은 교사가 2024년도부터 개정된 교육 과정에서 '성평등' '성소수자' '재생산' 등의 용어가 삭제되었다는 사실을 모르고 있다. 성평등이 삭제된 교육 현장에서 평등과 민주주의는 이루어질 수 없다. 조금씩 진일보하고 있다고 믿었던 성평등 교육은 새로운 정부가 들어서며 과거로 후퇴했다.

지금 공교육 현장은 사실 성평등 교육이 거의 전무해요. 보건 선생님이 해주시는 몇 차시 교육으로는 턱없이 부족하기도 하고 매뉴얼 자체가 없기 때문에 어디까지 어떻게 교육을 해야 하는지가 개개인 교사의 몫이라 부담이 큰 것도 사실이에요. 그나마 올해 다니고 있는 학교에서는 같은 학년(6학년) 세 개의 반 선생님들이 전교조* 여성위원회 활동을 하는 페미니스트 교사들이라 딥페이크 같은 사태가 알려졌을 때 전교조 여성위 자료를 찾아 각 반에서 같은 수업을 진행할 수 있었어요. 학교에서 남는 예산 이것저것 끌어 모아서 성교육 연구소 외부 강사님을 모셔서 동의, 관계 맺기에 대한 성평등 교육을 2차시씩 진행했고, 비폭력 대화에 관한 내용도 2차시씩 진행했습니다. 이것도 외부 강사 모시고요. 하지만 저 혼자였다면 추진 자체도 어려웠을 거예요. 민원에 대한 부담도 있고, 교육에 필요한 예산 사용도 불가능했을 겁니다. 감자

제도권 학교 교사인 감자 선생님은 동백작은학교의 실천이

• 　　전국교직원노동조합

"용기 있고 대단하다"며 늘 응원해주시는 분이다. 감자 선생님의 설명처럼, 제도권 학교에서 성평등 교육은 쉽지 않다. 그러나 페미니스트 교사들이 힘을 모아 가능한 교육을 시행하고 있다.

전교조 여성지부에서는 동백작은학교에 방문해 성평등 교육 과정에 대한 이야기를 함께 나누기도, 강의 요청을 주시기도 한다. 페미니즘을 주요 교육 과정으로 관철하는 동백작은학교의 실천 사례를 참고하기 위해서다. 전교조 여성위가 축적해온 관련 교육 자료들은 훌륭한 수준이고 활동하는 분들도 최전선에서 분투하는 강인한 교사들이다. 그렇게 현직에서 고군분투하며 학교 페미니즘을 실천하려 하지만 모든 순간에 구조적 한계가 있다.

감자 선생님은 성평등 교육 시행 의지가 크지만 "학교에 함께 연대하는 페미니스트 교사가 없었다면 불가능했을 것"이라고 했다. 혼자서 감당해내기에는 부담이 너무 크기 때문이다. 성평등 교육을 포기하지 않는 제도권의 페미니스트 교사들은 계속 목소리를 내고 있지만, 법이 정규 교육 과정으로 규정하는 연 17차시의 성교육조차 수년간 방치된 학교가 다수다.

감자 선생님은 "수업에 세세히 민원이 들어오고 관리자가 전혀 대응을 못 해주는 상황이라면 교사들 개개인이 뜻을 모아 시행하는 성평등 교육도 어려울 것"이라며 안타까워했다.

> 어찌 보면 저는 운이 좋아서, 동료들과 용기 내서 진행할 수 있었던 거예요. 성평등 교육 예산 부족, 관련 내용에 관한 교사 연수 부재, 실제 교육 시 매뉴얼 부재가 가장 큰 어려움입니다. 포괄적 성교육이 법제화가 되어 교육 과정에 들어와 전 학년에 걸쳐 실시되어야 해요. 특히 교사 연수가 시급하고요. AI 교과서 관련 연수 예산을 성평등 교육에 10퍼센트만 사용해도 좋겠는데, 누구를 위한 정책인지 모르겠어요. 감자

그는 전교조 여성위, 전교조 성평등특별위원회에 가입되어 있어 도움도 많이 받았고 포괄적 성교육, 초등젠더교육연구회 아웃박스 등 성평등 교육 자료들을 참고하고 있다. 그러나 이는 오직 개인의 노력으로 가능한 교육 실천일 뿐, "대다수 교사를 위한 성평등 교육 자체가

없다"고 그는 꼬집었다. 스스로 주변 자원을 동원해
분투하는 페미니스트 교사가 학교에 없다면 학생들은
제대로 교육받을 길이 전무하다는 것이다. 그렇게 청소년
집단 사이에서 여성혐오는 경계 없이 뿌리내린다. 우주의
탄식이 다시 머리를 맴돈다.

"아…… 샘, 진짜 모든 학교에 페미니즘 교육을 해야
해요. 제 친구들 만나면 정말 장난 아니에요."

젠더 평등 선언식

동백작은학교에도 발로 뛰는 민원인들이 찾아온 적이
있다. 그들은 "에이즈 걸려서 학생 가르칠 거냐!"며 내게
한참 소리를 질렀다. 자리를 어렵사리 수습하고 "우리 학교
유명해지고 있나" 하며 쓰게 웃고 넘겼지만 이 같은 일은
돌이킬 때마다 힘겹다. 이때 민원인이 찾아온 계기가 바로
동백의 자랑스러운 행사, 젠더 평등 선언식이다.

'젠더 감수성이 높다'는 것은 어떤 의미일까? 어린
시기부터 성인지 교육을 통해 젠더 감수성을 높인 학생들은

성에 대한 편견을 갖고 차별과 폭력을 행사할 가능성이 현저히 낮아진다. 그러나 '젠더'나 '페미니즘'이라는 단어만 나오면 일단 찍어 누르고 보는 목소리가 이러한 교육을 막고 있다. 학교 안 페미니즘 교육이 필요하다고 주장하고 실천을 이어갔던 많은 교사가 주변의 시선으로부터, 아이의 양육자로부터 공격받는다.

한편 동백작은학교에서 젠더 감수성은 10대에 반드시 배우고 익혀야 할 중요한 태도와 문화다. 때문에 정기적 페미니즘 수업 외에도 일 년에 한 주를 젠더 평등 주간으로 정해 성평등의 가치를 집중적으로 배우고 실천하는 젠더 평등 선언식을 진행한다. 젠더 평등 선언식은 학생들이 주체적으로 꾸리는 행사다. 동백작은학교의 여러 학생 자치 부서 중 하나인 '평화 부서'를 중심으로 한 주간의 시간표를 학생들이 직접 구상한다. 교사들은 요청이 있을 때 작은 도움을 주는 정도다.•

젠더 평등 주간에는 다양한 활동이 펼쳐진다. 관련 주제의 게시물을 SNS에서 나누기도 하고, 영화제를 열어 함께 영화를 보고 토론하며, 직접 포스터를 만들기도 한다. 한번은 젠더 평등 주간 아침마다 EBS「위대한 수업」

•   평화 부서는 "학교의 평화를 담당하는 부서"다. 월요일 오전 공동체의 시간을 함께 여는 '펠롱펠롱'(제주어로 반짝반짝 빛난다는 뜻으로, 한 주의 시작을 반짝반짝 열어가자는 뜻을 담았다) 시간, 1학기에 진행하는 '평화 선언식', 평화로운 언어 점검표 관리 등 여러 활동을 제안하고 실행한다.

중 주디스 버틀러의 강의를 시청했다. 매번 학생들의
기발한 기획이 끊이지 않는다. '108배가 아닌 38배를 하는
시간'을 만들기도 했는데 3월 8일 여성의 날을 기려 38배로
정했다고 하며, 학생들 스스로 작성한 성평등 문구를 미리
모아두고 절을 한 번 할 때마다 서로의 문장을 낭독했다.
각자의 문장, 의견을 존중하는 의미다. 둥근 원을 만들고
앉아 명상 볼을 치며 대화하는 자리도 있었다. 모여 앉은
학생들은 그동안 차별로 인해 힘들었던 경험, 젠더 평등
주간에 겪고 느낀 것, 실천하고 싶은 성평등 의제 등 다양한
성찰을 나누며 치유와 공감의 시간을 가졌다. 말할 거리가
있는 사람이 땅, 명상 볼을 치고 발언하는데 듣다 보니
차별이라고 생각지 못한 채 지나쳤던 경험들이 꼬리를 물고
떠올라 땅 땅 땅 땅, 너도나도 명상 볼 울리는 소리가 끊이지
않았다.(그래서 프로그램 이름이 '동백땅'이다.)

마지막 날에는 행사의 마무리를 기념하는 결과물을
만들어냈다. 무지개 색깔의 손도장을 찍은 큰 걸개 천을
교내에 걸어두기, 자유로운 젠더를 형상화한 벽화를 함께
그리기, 직접 작성한 젠더 평등 선언문을 동영상으로
만들어 SNS에 게시하기도 했다. 이러한 모든 활동이 교사의
개입 없이 학생들끼리의 아이디어로 만들어졌고 그들만의

실천 영역에서 확장되었다. 그런 만큼 젠더 평등 선언식은 학생들 스스로에게도 각별한 기억이 된다. 익명으로 제출받은 학생들의 후기에도 생생한 흥분과 자랑스러움이 스며 있다.

> 젠더 평등 주간의 마지막, 젠더 평등 선언식 날이다.
> 어제 찍은 영상을 오늘 □□가 편집하고 있고,
> 그동안 써둔 선언문으로 38배도 진행했다. 38배의
> 의미는 여성의 날이다. (함께 작성하고 낭독한 선언문에)
> 엄청 다양하고 좋은 이야기가 많이 나와서 진심으로
> 다짐하는 시간이 되었다. 조금 바쁘긴 했지만, 이런
> 뜻깊은 행사를 내가 만들었다는 자부심이 커졌다.
> 나에게 큰 밑거름이 될 것 같다. 차별과 혐오의
> 언어들은 우리의 문화 속에 여실히 존재하고 있다.
> 그런 문화를 바꾸고, 문화를 바꾸면 사람이 바뀌고,
> 사람이 바뀌면 세상이 바뀔 수 있지 않을까? 모두가
> 상처받지 않는 세상이 어서 왔으면 좋겠다.

자신이 살아갈 세상에 목소리를 내는 경험은 10대들에게 큰 성취감을 준다. 바쁜 행사 주간을 치른 뒤 학생들은 "진짜

재미있었다" "스스로가 자랑스럽고 당당하게 느껴졌다"와 같은 감상을 들려주었다. "여성은 태어나는 것이 아니라 만들어진다*는 말이 크게 와 닿았다"고 기록한 학생도 있고, 누군가는 '동백영화관' 프로그램을 통해 영화 「런던 프라이드」를 함께 보면서 느낀 "벅차오르는 연대의 힘"을 기록했다. 동백 공동체 구성원들이 겪은 성차별 서사를 나눈 '고백의 시간'도 의미가 컸다. 솔직한 자신의 이야기를 드러내는 시간은 공동체를 더욱 단단하게 하고 서로에 대한 이해를 만든다. 이러한 시간들이 쌓여 존중과 평등을 당연시하는 실천이 문화가 된다.

한편 이들은 스스로 수업 내용을 만들어가면서도, 이런 활동이 '이 학교라서 가능하다'는 점을 인지하고 있다. 학생들은 "여기서는 이런 이야기를 해도 안전하다"고 자주 언급하는데, 바깥에서 그렇지 못하다는 의미다. 그렇다는 것을 알기에 이들은 자신들의 활동을 더 세상에 알리고, 성평등한 세상을 위해 노력하겠다고 다짐한다. 문화는 하루아침에 이루어지지 않는다. 성교육을 일회성 교과로 축소해서는 안 되는 이유다. 젠더 평등 교육은 일상과 밀접하게 이루어져야 하며, 지속적 문화로 정착시켜야만 한다. 동백은 지금 그 실험을 하고 있다.

•   시몬 드 보부아르의 말

우리가 쓴 글들로 선언문을 만들어 38배를 했다. 평등을 말하는 아름다운 선언문들을 들으며 많은 생각이 들었다. 명상 볼을 치며 진행한 동백띵에서는 (젠더 평등 실천에 관한) 반성과 감사를 표했다. 나도 여러 의미로 반성하고 여러 의미로 감사했다. 일주일 동안 힘들기도 했지만, 내게 이런 활동을 하게 해준 안전한 이 학교가 감사하게 느껴졌다.

동백 가족회의

꼭 젠더 평등 주간 같은 기획 행사가 아니어도, 동백작은학교의 구성원들은 생각과 일상을 나누는 일이 익숙하다. 매주 그리고 구성원이 나누고 싶은 안건이 있을 때마다 열리는 '가족회의'가 있기 때문이다. 회의가 열리면 모든 학생과 교사가 한자리에 둘러앉아 올라온 안건을 두고 위계 없이 이야기한다. 명실상부 동백의 최고 의사 결정 기구다. 바깥에서라면 그냥 혼자 삭이고 지나쳤을 성차별적 상황도 '얼마든지 말해도 된다'는 신뢰가 있다. 누군가의 차별적 발언이나 행동을 가족회의 안건으로 올리면 대화가 이어지고, 잘못한 친구에게는 그에 관한 책임 활동이 주어지기도 한다. 무엇보다 비판적 주제를 함께 성찰하는 과정에서 다양한 의견과 경험이 오고 간다. 이를 통해 학생들은 자기 목소리를 내는 힘을 기른다.

> 동백 가족회의 하면서 많이 느낀 게, 학생들이 자기 목소리를 스스로 낼 줄 아는 힘이 정말 중요해요. 안건에 그치지 않고 거기서 더 많은 성평등 이야기가 파생되는 것이 인상적입니다. 분위기도 제도권 학교와 많이 다르죠. 어떤 권력의 쏠림이라고 해야 할까, 그런 게 거의 보이지 않아서 이런 교육을 통해 성평등 문화가 만들어지는구나 실감합니다. 다숲

동백작은학교에서는 무엇을 하든 원을 만든다. 상징적인 의미도 있다. 구성원 모두가 눈과 눈을 마주할 수 있으며 이렇게 눈높이를 맞추는 시간이 공동체를 평등하게 모으는 힘이 되기 때문이다. 교사 다숲은 "수업이 아닌 삶 속에서 서로의 차이를 나누고 이 과정에서 만들어지는 문화"가

중요하다고 강조했다. 가족회의에서는 합의된 돌파구를 만날 때까지 서로 논쟁을 벌이기도 하고, 한 명씩 돌아가며 제 생각들을 공유하기도 한다. 이러한 시간을 통해 기존에 옳다고 고집했던 관점들을 내려놓기도 하고, 서로의 다름을 이해하고 존중하는 법을 배우기도 한다.

> 작년에 □□가 여자들 빨래를 보고 '꾸미려고 그렇게 옷이 많냐'라는 발언을 한 적이 있는데 그 말을 듣고 상당히 기분이 나빴어요. 그래서 바로 가족회의에 올렸고, 다행히 잘못한 걸 인정하고 사과도 하고 모두 함께 나누게 되어 마음에 크게 남지는 않았지요. 우리 학교는 이런 구조가 있어 누구나 불편한 지점이 있을 때 안건을 올리고 모든 구성원이 나눌 수 있어 좋아요. 희수

하지만 이러한 문화를 적극 권장하고 정착시킨다 해도, 가깝게 지내는 이들 사이에서 갈등 요인을 끄집어내는 데에 부담이 없을 수는 없다. 희수의 경우에도 '빨래 사건'은 곧바로 이야기하고 털어버렸다고 말했지만 그럴 수 없었던 경험도 있다. 다 함께 몽골에 공정여행을 갔을

때 남학생들끼리 게르에 모여 여학생들을 두고 성적인
이야기를 한 일이 있었다.

> 성희롱적인 말도 그렇지만 정말 저는 가족같이
> 생각했던 남자 사람 친구들이 모여서 우리를 두고
> 그런 말들을 했다는 자체가 처음에 믿기지 않았고,
> 배신감이 몰려왔어요. 그때 여학생들끼리 되게
> 심각하게 얘기했죠. '이렇게 좋은 곳까지 와서
> 우리가 또 문제 제기를 해야 하나?' '그래도 우리
> 학교에서 이런 일이 일어나면 안 된다. 반드시
> 이야기해야 한다.' 토론 끝에 알려야겠다고 서로
> 마음을 모았어요. 그리고 바로 샘들에게 이야기하고
> 몽골 게르에서 가족회의가 열린 거죠. 희수

이때의 일은 동백작은학교에서도 피해 갈 수 없었던 큰
사건이었다. 제도권 학교는 물론 보아온 대안학교들에서도,
주로 남학생 집단에 의해 여학생을 대상으로 발생하는
성적 침해 사건들은 학생들에게 큰 상처를 남긴다.
규모가 작은 대안학교의 경우 해결 과정에서 학교 전체가
위태로워지기도 했다. 제도권 학교에서는 남학생들이 같은

학교 여학생들을 대상으로 성범죄를 저질렀을 때 가해
학생에게 피해자의 고통이나 왜 그것이 범죄인지를 제대로
인식시키지도 않은 채 유야무야 전학을 보내거나 덮으려
하는 일이 흔하다. 이 경우 가해 학생은 다른 학교에서 비슷한
일을 반복할 수 있다. 남학생 대상 성범죄 관련 교육과 제재를
회피하는 이러한 구조가 성착취 범죄 규모를 키운다.

　　남학생들이 모여서 여학생들을 성희롱했다는
사실을 알았을 때 작고 가까운 동백 공동체 역시 말 그대로
쑥대밭이 됐다. 하지만 희수의 경우 "선생님, 저희가
페미니즘을 배운 자로서 이건 넘어갈 수 없어요!" 하고
분연히 의견을 모았고 성희롱한 남학생들의 잘못을 공적인
자리에서 지적했다. 가족회의가 열렸고, 지금까지 그래왔듯
잘못한 학생들에게 사과를 받고 앞으로 수행해야 할
활동과 책임을 투표해 지정했다. 그런데 이번엔 빨래처럼
털어지지 않았다. 이런 일은 곧바로 아무렇지 않아질 수
없다. 공적으로 사과를 받은 뒤 여학생들은 "일단 용서는
하겠지만 우리가 다시 전처럼 너희에게 친절하기를
기대하지는 말라"고 못을 박았다.

　　희수의 말처럼 "그냥 넘어갈 수 없는 일"임을 알고
대응을 결심을 했다 해도 가해 학생들과의 관계나 해결

방식 등을 염려하지 않을 수 없다. 하지만 우리는 얼마든지 함께 시간을 들이기로 결정했고, 누구도 '이제 용서해라' '그만 좀 해라' 하는 일 없이 이 잘못을 중대하게 다루었다.

> 예상했던 대로 그 무리랑 약간 어색한 시기가 있었단 말이죠. 어쨌든 당시에 사과받고 이해하는 시간을 가지긴 했는데 반년 뒤에 사실 더 심한 말이 오갔었다는 말을 듣고는 와~ 진짜 너무 화가 나는 거예요. 결과적으로는 그때 몽골에서 예정됐던 일정을 다 빼면서까지 선생님들도 심각하게 사안을 다뤘고, 우리가 요구했던 모든 걸 다 수행하고 사과 편지도 받고…… 그러면서도 사이가 틀어져 어색해질까 되게 조심했는데, 오히려 다 털어내고 나니 홀가분해졌어요. 저희가 하고 싶은 질문들도 남학생들에게 다 던진 것 같고, 돌아보면 학교에서 충분히 풀어갈 수 있는 시간과 장소를 마련해줬어요. 여전히 완벽하게 해소는 되지 않았지만요. 희수

완벽한 해소는 과연 쉽지 않았다. 성범죄 사건으로 '파국'에까지 이르는 학교들을 봐왔다. 그만큼 중대한

문제다. 시간이 지난 뒤에도 응어리는 남았지만, 희수는 "홀가분"할 정도로 말할 기회가 있었다는 것을 긍정적으로 회고했다.

집단에서 성희롱과 성차별을 엄중히 문제 삼으면 문제의식 없이 "농담으로" 성차별 발언을 하던 아이들도 어떠한 말을 하기에 앞서 한 번 더 생각하게 된다. 일상의 페미니즘 교육이 가져오는 변화가 이와 같다. 『시사IN』의 조사에 따르면 동시대 한국 20대 남성의 페미니즘에 대한 반감은 전 세대 여남을 통틀어 현저히 두드러지는 데 반해, 페미니즘이라는 말을 사용하지 않고 질문을 만들어 응답하게 하면 전혀 다른 결과가 나온다. 그 어느 연령 집단보다 페미니즘에 반발하는 20대 남성이 페미니즘이 요구하는 가치에 대해서는 윗세대보다 우호적인 반응을 보이는 것이다. 즉 20대 남성은 말로는 반페미니즘을 외치지만 실제로는 동시대 남성 집단 중 페미니즘의 지향에 친숙한 세대다.[*] 10대 남학생들 역시 페미니즘에 대해 무지한 채 혐오 발언만을 주위섬기는 인터넷 공간에서 벗어나 자신의 목소리를 표현하게 되면 성평등에 대해 다른 관점들을 내보인다. 여성혐오를 스스로 자각해 문제시하고 성평등한 사고와 언어를 점차 체화하게 되는 것이다.

• 권재원, 2021.

처음에 남학생들은 '이렇게까지' 사과했는데 좀처럼 풀어지지 않는 과정들에 답답해하기도 하고, 억울해하는 남학생들도 있었다. 분위기를 읽고 크게 티를 내지는 않았지만 마지못한 듯한 사과는 잘 받아들여지지 않았다. 한편 몇몇 남학생은 진심으로 사과하며 눈시울을 붉히기도 하고 여학생들이 원했던 것보다 더 큰 책임 수행을 감수하며 진정성 있는 모습을 보였다. 이 과정에서 오히려 눈물을 보인 여학생도 있었다. 진정성 있는 모습을 보니 고마워진다며 "고마운 마음이 드는 자신이 싫다"고 했다. "좀더 힘들어해야 되는데 말이죠."

몇 번이고 마주 앉는 동안, 처음엔 '사과했잖아'라고 생각했던 남학생들은 머리로 이해하기 이전에 몸과 마음으로 이 문제의 심각성을 깨달았다. 이러한 사건이 피해자들에게, 자신들로서는 생각지 못했던 고통이 된다는 것도 느끼기 시작했다. 이 사회에 당연한 듯 만연하게 자행되고 있는 여성혐오 범죄는 제대로 된 교육과 처벌 없이 해결되기 힘든 문제다. 학교뿐만 아니라 사회인 단체와 일터 등 사람들이 모인 곳이라면 어디에든 교육과 행동이 필요하다.

사건 이후 동백작은학교에서 나타난 또 다른

변화라면, 남학생들이 페미니즘에 능동적 관심을 갖기 시작한 점이다. 그들은 자신들이 여전히 잘 이해하지 못하고 있음을 감지했다. 수업 외에도 페미니즘 책을 찾아 읽으며 "더 나은 인간이 되고 싶다"고 표현하기도, 학기 말 발표 주제를 페미니즘으로 정하기도 했다. 또한 남학생들끼리 있을 때에도 말과 행동을 경계하는 모습들이 생겨났다. 누군가의 여성혐오 발언에 침묵한다면 이것이 곧 가해에 동조하는 행위임을 체감한 것이다.

많은 남성 청소년 가해자가 그저 전학을 가고, 똑같은 일들을 반복한다. 많은 교내 성폭력 사건이 피해자에게 더 큰 상처를 남기며 여기에 교사가 오히려 가담하기도 한다. 그리고 이 남학생들이 사회에 나갔을 때 가해는 다시 반복된다. 어디서나 일어나는 일이지만 어디서나 이 사안을 제대로 다루지 않기 때문이다. 학교라는 공간의 현실과 실제 사례들을 고려할 때, 교내 성폭력 문제는 해결 불가의 문제로 느껴지곤 한다는 것을 안다. 그러나 동백작은학교의 경험에 비추어, 근절과 회복에 다가서는 일이 가능함을 알리고 싶다. 몇 번이고 소홀함 없이 페미니즘 시각으로 문제에 다가가는 공동체의 힘이 필요하다.

남학생과 남교사

누군가는 개개인의 목소리를 사회적 표준에 맞춰가는 것을 민주주의라 생각하지만, 실제로 성숙한 민주주의는 강한 자아를 가진 개인들이 모여 이루어내는 것이다. 성적 엄숙주의가 강한 사회에서는 초자아가 성 충동을 억압해 자아가 죄의식으로 내면화되며, 그렇게 취약해진 '약한 자아'를 가진 인간은 권력 앞에 굴종하게 된다. 강한 자아를 기르기 위해 성교육 강화는 물론 성적자기결정권이 절대적으로 존중되어야 한다는 것이다.[*] 성교육은 민주 사회를 이루는 가장 중요한 정치 교육이다. 도덕으로 존재를 억압하는 체제는 비판과 사유가 없는 순응적 인간을 만든다. 그런데 이 "가장 중요한 정치 교육"이 대부분의 학교에서 난항을 겪고 있다. 이는 기득권과 불평등에 대한 비판적 감수성을 기르는 교육을 억압하는 권력의 작동이며, 그 자체로 반민주적이다.

청소년에게 페미니즘을 가르칠 때 하나의 난점은 학생의 약 절반이 기득권 성별에 속한다는 점이다. 많은 남학생이 여성의 외모를 가십 삼아 희롱하고 여성혐오적 언어를 주고받는 데 문제의식이 없다. 여성 비하나 희롱에

---

[*] 『여성신문』 "김누리 중앙대 교수 "성교육이 가장 중요한 민주주의 교육""", 2024.01.10.

가담하고 공모하는 문화가 10대 사이에 이미 깊고 넓게 퍼져 있다. 태어날 때 부여받은 성에 따라 사회가 부과하는 남성성과 여성성은 당연하지 않다. 이것을 배우지 못하면 평생 그 제한된 사고 안에 갇히게 된다. 부여받은 성 역할을 수행할 때 칭찬과 응원이 더해지면서 이게 맞다는 믿음을 갖고 고정관념을 수행하는 '행동 강화'가 이루어진다.

페미니즘 수업을 하다 보면 남학생들은 '남성다움'이라는 것 역시 억압임을 깨닫고 놀란다. 그리고 대부분의 학생은 이런 관점에 완전히 생소한 상태다. 다양한 매체와 현실에서 성 고정관념에 따라 남성의 역할을 상정한 말들을 접하는 청소년들은 그 구조를 학습한다. 대개의 10대는 또래 남자아이들 사이에서 여성혐오가 일상화된 측면 또한 인지하고 있다. 많은 남성 청소년은 자신들의 사회가 어떠한지 '아는 채로' 그 안에서 자신의 위치를 잡는다. 그리고 제대로 된 문제의식을 학습하지 못한 상태에서 여성혐오적 문화에 공모하는 형태로, 헤게모니적 남성성을 더욱 견고히 받아들여 수행하게 된다.

그렇다면 여성혐오를 답습·재생산하도록 놔두는 대신 문제 삼고 교육하는 환경을 경험한 청소년들은 어떨까? 일단 앞서 나우가 인터뷰를 통해 들려주었듯,

페미니스트를 욕하고 비하하는 또래 집단이 "모르고 말한다는 것을 확실하게 알 수 있"게 된다. 여학생 집단 조롱과 소수자 비하를 놀이로 해서는 안 된다는 사실을 알게 된다. 그리고 무엇보다 사회 구성원으로서 존재하는 방식이 변화한다. 페미니즘을 필수 교육으로 시행한 뒤 특히 보람된 지점들이 있다. 그중 하나가 학교 밖 공간에서 남학생들이 의식하지 않고 수행하는 자연스러운 행동을 목격할 때. 어떤 공간에 초대받은 남학생들이 자연스럽게 주방으로 향해 할 일을 찾을 때, 그 '자연스러움'에서 변화를 본다.

　　동백작은학교에서 페미니즘 수업을 시작할 때는 아버지와 자신이 지금까지 집안일을 거의 하지 않았다는 걸 '의식조차 못 했다'던 남학생들도 있다. 하지만 그게 차별적 성 역할임을 배운 청소년들은 빠르게 변했다. 당장 내 주변의 성인 남성만 해도, 그만큼 자연스러운 행동 변화에 이르는 경우는 보기 힘들다. 대개 뒤늦게 의식해서 주방으로 오거나 설거지 정도를 한 뒤 '할 만큼 했다'는 안도감을 표하는 수준이다. 의식하고 시늉할 줄 알게 된 남성들도 가부장적 남성들이 모인 자리라면, 눈치를 보다가 그 자신도 주방 쪽으로 '오지 않기'를 택하기도 한다. 한편 주변의 성인 여성들은 어떤 식사 모임에서든 대체로 무언가를 '감수하기'를 택하는 편이다. 대부분의 일을 도맡는 가운데 남성이 조금만 일을 거들어도 굉장히 크게 인식하거나 공치사를 하기도 한다. 성차별에 관한 문제의식을 공유하는 모임에서도 그렇다. 성인 여성과 남성에게 가사노동의 주 수행자는 여성이라는 인식이 강하게 내재해 있으며 남성이 수행할 경우 '도와준다'는 의미 부여가 일어나는 것을 여전히 목격하고 있다. 그렇기에 더더욱 동백작은학교 남학생들의 변화가 눈에 띈다. 우리는 요리가 만들어지는 전 과정에 함께하며, 그 수행에 있어 기성세대 남성들에게서 보이는 부자연스러움이 없다.

삼대독자로 태어나 "할머니께서 주방에 못 들어가게 했다"는 동백작은학교의 남교사 역시 이 차이를 지켜보며 예외 없이 배운다.

> 어느 날은 엄마를 너무 도와주고 싶어서 제가 몰래 설거지를 했는데 할머니에게 어머니가 너무 혼나는 거예요. 남자는 가만있고 여자는 다 해주는 걸 보고 살았고, 동백학교에 들어와 페미니즘을 공부하면서 너무 많은 반성을 해야 했습니다. 학교에서 계속

저의 모습을 돌아보고 고칠 수밖에 없는 것 같아요.
아직도 스스로 가야 할 길이 멀다고 생각해요.
하지만 계속 많이 배워서, 성평등한 세상으로
나아가고 싶어요. 개구리

개구리는 본인이 알 만큼 알고 있고 성별 권력 측면에서
문제없는 사람이라고 생각해왔기에 동백에 온 뒤 "내가
그렇게까지 틀렸다고?"라며 시시각각 괴로워했었다.
몸속에 가부장제가 '심하게' 흐른다고나 할까? 동백
안에서도 계속 실수하고 혼나고 부딪히며 배우고 있는 만큼
"아직 가야 할 길이 멀다"고 자평하는데, 그만큼 의욕도
대단하다.

　　　우리가 목격하고 있는 것은 작은 변화지만 이 형태의
교육을 지속해야 한다는 확신을 준다. 남성들이 페미니즘을
배우며 성별 고정관념이 지닌 억압을 인지한다 하더라도,
동시대 한국 사회에서 여성들이 겪는 차별의 무게와
남성들이 겪는 차별의 무게는 비교할 수 없다. 이 차이 역시
중요하게 짚어야 한다. 예를 들어 '페미니즘은 남성 혐오다'
'남성들도 피해자다' '젠더갈등이다' 같은 말들은 성차별로
인해 여성 집단이 겪는 억압을 보지 않는데, 대부분의

남학생은 이러한 언어들을 유튜브에서 모두 섭렵한 상태다. 혹은 그것이 '아닌 줄 알지만', 크게 '거부감'은 갖지 않는다. 그에 반해 여학생들은 대개 '뭔 소리야?' 하고 거르는 편이다. 그러나 친한 남학생들이 '남자도 피해자' 같은 말을 하는데 일리가 있는 것 같고, 뭐가 맞는지 모르겠다는 여학생들도 간혹 있다. 이런 말들이 진리인 듯, 자신들의 경험과 나름의 논리까지 동원해 이야기하는 경우도 많다. 초등학교, 중학교에서 겪은 교육 활동들이 "여학생 위주였다"라거나 "남학생이 여학생들에게 더 많이 당한다"는 식이다. 작은 경험치에 여성혐오 유튜버들의 궤변을 더해 마치 훌륭한 이론처럼 신봉하는 학생이 정말 많다. 대단히 보편화된 현상인 만큼, 교육 현장에서 이러한 지점은 좋은 토론거리가 되기도 한다.

여성 대상 폭력 사건에 대해서도 함께 이야기를 나눈다. '부산 돌려차기 사건'[*]이나 20대 남성이 일면식도 없는 여성을 따라가 엘리베이터 안에서 야구방망이로 무차별 폭행한 사건 등 그때그때의 이슈에 대해 말하는 시간을 가진다. 한자리에서 이야기하면 여성 대상 폭력 범죄를 바라보는 여학생과 남학생 시각의 차이를 알 수 있다. 동백에서는 기본적으로 피해자 입장에서 모두

- 30대 남성 이모 씨가 귀가 중인 여성을 성폭행할 목적으로 쫓아가 돌려차기로 가격하고 기절할 때까지 폭행한 사건. 가해자 이 씨는 범행 뒤에도 반성하지 않고 "출소하면 피해자를 죽이고 성폭행하겠다"는 보복 발언을 했다.

한목소리를 내는 편이다. 격분한다는 표현이 더 어울릴 것 같다. 하지만 깊이 있게 이야기를 나누다 보면 여학생들은 이러한 사건이 자신에게 일어날 수 있는 일이라 여기고 피해자의 입장과 감정까지 공감하는 반면, 남학생들은 어느 순간부터 불편한 기색을 드러내기도 한다. 여학생들이 "대체 남자들 왜 이래?" 하면 "왜 우리에게 그러냐"가 나오고, 여학생들이 '피해자가 얼마나 무섭고 고통스러웠을지' 이야기하면 '본인들이 피해자인 것처럼 말한다'고 거리를 두는 식이다. 이런 관점 차이로부터 학생들끼리 이야기가 이어진다. 여학생이 "여전히 밤에 돌아다니기 무서운 세상이다" 그러면 남학생이 "나도 무서워. 밤에 무서운 거 다 똑같아." "……." 이때 교사는 각자의 이야기가 자유롭게 오가도록 시간을 주고 지켜본다. 교사는 답을 정해주지 않는다. 이런 페미니즘 수업에서 교사가 누가 맞고 누가 틀렸다고 결론을 던지면 학생 스스로 사유하는 감각을 막기 때문이다.

현상에 관해 이야기하는 것을 넘어 페미니즘 감각으로 시야를 넓히는 힘을 기르는 교육이 단시간에 완성되기는 어렵다. 동시대의 젊은 남성 이른바 '이대남'들은 자신들을 차별받는 약자라 일컬으며,

페미니즘과 여성 연대에 거의 발작 수준으로 반응한다.
시대와 사회가 이들을 이렇게 길러냈고 이는 한국만의
문제가 아니다. 이러한 동시대의 문제를 페미니즘 감각으로
바라본다는 것은 전 지구적인 평등과 균형을 만들어가는
일이다. 페미니스트 연대가 이미 사회에서 이러한 역할을
보여주고 있다. 여성들은 수많은 사건에서 꾸준히 연대하며
목소리를 내왔고 울고 웃고 지지하고 공분하며 힘을
키웠다. 그리고 지난해 12·3 내란 사건을 기점으로 광장에서
그 힘을 발휘했다.

　　　동백의 페미니즘 교실은 빠른 결론보다는 스스로
평등을 지향할 힘을 기르고자 한다. 여성혐오 범죄 사건에
관해 이야기하는 시간 역시 그렇다. 실로 여성들의
관점만을 세상에 쏟아붓고 실천해도 균형이 맞으려면
천년은 걸리지 싶은 정도의 남성 위주 사회를 살고 있지만,
교육 현장에서는 남학생들의 솔직한 이야기를 통해
여학생들의 시야 또한 확장된다. 그리고 모두가 여성의,
피해자의, 생각해보지 못한 타인의 입장에서 세상을 보는
힘과 감수성을 기른다. 가부장제의 왜곡된 남성성에 대해
이야기하다 보면, 남학생들도 성차별의 구조를 남의 일이
아닌 자신의 현실로 인지하게 된다. 한순간에 모든 것이

바뀔 수는 없다 해도 시야가 감수성을, 감수성이 실천을
바꾼다. 그리고 비로소 자신의 삶과 경험을 구조적 현실에
위치시키고 함께 성평등을 지향할 수 있다.

여성들만의 작은 사회를 지켜라

이 장에서 다루었듯, 기득권 성별에게 성차별을 문제 삼도록
교육하는 데는 추가적 어려움이 따른다. 동백작은학교는 이를
무릅쓰고 평등한 청소년교육공동체를 지향하지만 별개로 나는
여성 교육기관의 필요에 적극 동의한다.

> 처음 여대 입학을 결심할 때는 걱정되는 점이 더 많았어요.
> "여대는 기싸움이 심하대" "남자친구 못 만들어서
> 어떡해?" 이런 말을 주변에서 했고 실제로 "여자의 적은
> 여자잖아"라는 말도 들었어요. 하지만 여대를 다닌 7년
> 동안(조금 오래 다녔어요☺) 여대라서 가능했던 많은
> 연대가 용기를 줬어요. 다른 성별 눈치 보지 않고 고민들을
> 자유롭게 말할 수 있었고 때문에 사회에서 일어나는
> 수많은 의제에 여대가 가장 먼저 진보적 담론을 만들 수
> 있다는 걸 알았어요.
> ─토끼*

토끼는 나의 오랜 제자이며, 동덕여대 졸업생이다. 내가
간디학교 교사이던 시절 6년을 함께한 그는 삐딱하고 또 다정한
학생이었다. 지난 11월 동덕여대 학측이 학교의 공학 전환을

---

* 이하 이 장의 모든 인용은 토끼의 말이다.

추진 중이었음이 밝혀지며 학생들이 반대해 들고일어났을 때 토끼는 어처구니없는 상황에 몹시 분노하며 당장이라도 뛰쳐나가려 했다.

동덕여대 학생들의 투쟁 역사는 길다. 학교의 불통 행정은 토끼의 재학 당시에도 이미 유구했다. 2000년대 초반, 당시 총장 조원영이 수십억대 횡령 비리를 저질렀을 때 선배들은 수업 거부로 이에 저항했다. 학생들의 단결로 교육부가 형사 고발하며 조 총장은 사임했으나 2015년 학내 구성원들의 반대를 묵살하고 이사장으로서 경영에 복귀했다. 이후 일가 친족들을 요직에 앉히며 막대한 교비 횡령을 지속해왔다.

저항은 끊긴 적이 없었다. 2017년 학교의 일방적 학과 통폐합 시도에 분노한 학생들이 본관을 점거했고 '통폐합 철회' 약속을 받아냈지만 지켜지지 않았고, 2018년에는 학교에 침입한 외부자 남성이 강의실에 정액을 뿌리는 사건으로 학생들이 경비 인원 확충을 요구하며 촛불을 들었으나 실질적 개선은 없었다. 2022년 총장 직선제를 위해 수백 명의 학생이 모였으나 총장을 만날 수조차 없었고 2023년에는 급기야 학내 도로에서 학생이 치여 사망했다. 지난 수년간 이미 학생들이 위험하다고 문제 제기했던 곳이었다. 학생들은 학교에 학우 사망 사건의 책임을 물었지만 학교는 책임 인정은커녕 추모 공간 설치마저 탄압했다.

현재에 이르기까지 학교 재단은 불통 행정의 끝을 달리고 있다. 여기에 이중의 고난의 더해졌다. 일방적 공학 전환에 굳건히 저항하는 학생들을 학교가 나서서 언론의 먹잇감으로 던지고, 온 사회가 나서서 조롱하며 여성혐오 폭력의 최전선이 된 것이다. 그러나 동덕여대 학생들은 그들의 역사가 쌓여 '저항의 방법'을 알고 있었을 뿐이다. 토끼는 한없이 분노했다. "학생처장부터가 어린 여자들 취급을 하면서, 학생 대표자에게도 계속 반말을 하는 곳이었어요." 지금도 교원들이 학생 대자보를 찢고 카메라를 들이대며 위협하는 작태가 일어나고 있다. 토끼는 학교에서 후배들이 어떤 마음으로 싸우고 있을지 졸업생으로서도 감히 상상할 수 없다고 말했다.

> 제 동기 졸업생들한테도 물어봤어요. '너희는 공학 전환 어때?' 한 명도 빠짐없이 반대한다고 했어요. 여대 졸업하고 사회에 나와보니, 그만큼 내 목소리를 낼 수 있고 성별 상관없이 역할이 주어지고 편견 없이 의견이 받아들여지는 곳은 오직 여대뿐이었다고 했어요.

토끼와 그의 동기들은 여대를 겪었고 또 지금 사회생활을 겪고 있기에 망설임 없이 입을 모았다. 그 자신들이 대학 안에서 경험한 자유가 사회에는 존재하지 않는다는 것, 성별 임금 격차, 빈곤 여성 비율, 사내 관리자 비율, 가사 노동과 여가 시간 성별 격차…… 경제, 교육, 복지, 안전, 가족, 문화, 모든 분야에서 여성들이 겪는 불평등의 목록이 끝없이 올라왔다.

여대는 성역이라고 말하고 싶은 것이 아니에요. 여대에는 그 어떤 차별도 존재하지 않는다고 말하고 싶은 것도 아니에요. 하지만 이미 모든 분야에서 불평등을 겪는 여성이 대학 내에서는 차별에서 비교적 자유로울 수 있었어요. 이러한 경험은 단순히 '여대를 다녀서 행운'으로 끝나는 게 아니에요. 대학이라는 작은 사회에서라도, 한 번이라도 내가 주인인 경험을 한 것이 우리 삶에 영향을 주는 거예요. 모든 공학 대학에서도 여성들이, 더 나아가 소수자들이 이러한 경험을 할 수 있어야 한다고 생각해요. 하지만 그렇지 못한 현실에서 여대를 없애겠다고 하는 건 여성이 주인 되는 경험을 완전히 빼앗겠다는 거예요.

간디학교 시절 토끼는 노동운동을 하는 엄마, 아빠를 늘 비판하고 이따금 '왜 저를 낳았을까요?' 하며 울었다. 화도 내고 일탈도 하며 10대를 꽉 채워 즐긴 토끼는 졸업 후 하고 싶은 공부가 생겼다며 동덕여대에 입학했다. 그리고 학생회장이 되더니, 대학 내내 성평등운동에 힘썼다. 청소년 시절 그토록 비관했던 양친의 노동운동을 뛰어넘는 결기를 그 자신이 사회에 펼치게 되었다.

내가 10대 시절 토끼와 함께했던 성평등에 대한 고민과 사유가 그의 삶에서 이어지고 있었다. 여대에 진학해 실천과 투쟁을 쌓은 그는 이제 한 아이의 엄마가 되어 그 어디서나 페미니스트로서 연대하고 있다.

후배들이 시위하는 모습을 라이브 방송으로 봤어요.
왠지 모르게 눈물이 났는데, 우유를 먹이는 동안 5개월
된 아들이 내가 우는 게 신기했는지 눈을 동그랗게 뜨고
봤어요. 내가 왜 울었는지 아들이 이해할 때쯤에는 세상이
달라져 있었으면 좋겠다 생각했어요. 그리고 학우들의
발언 하나하나 들으며 언젠가는 꼭 바뀌게 될 거라고
생각했어요. 애가 조금 더 자라면, 꼭 말해주고 싶어요.
'아들아, 내가 너를 낳기로 결심할 수 있었던 건 엄마가
대학에서 배웠던 것들 덕분이었어. 불평등을 불평등이라
말하고, 잘못된 것을 잘못되었다고 함께 모여 이야기하고
행동하는 사람이 많았거든. 그래서 세상은 아직 이렇게
혼란하고 힘들지만 언젠가는 바뀔 거라고 확신할 수
있었어. 변화된 세상에서 우리 아들은, 모든 아들들은
페미니스트가 될 거라고 믿어.'

동덕여대의 투쟁이 이토록 뜨거운 불씨를 세상에 던지고
있는 것은 이 싸움에 단순히 공학 전환 반대 이상의 함의가
있기 때문이다. 학생들은 반민주적 학교에 자신들의 권리를
요구하는 동시에 사회를 둘러싼 여성혐오에 당당히 맞서
싸우고 있다. 지배 성별의 '눈치'를 보지 않고 여성의 권리를
사유할 수 있는 공간을 짓밟고자 하는 저열함이 학생들을 향한
조롱을 부추긴다. 때문에 여성들은 연대하고, 학생들은 굴하지
않는다. 토끼처럼 많은 여대의 졸업생들이 어느 곳에서든
그들이 경험했던 평등을 잊지 않고 살아가고 있을 테다.

4장   동백의 목소리

학생 이야기

동백작은학교를 만들며 내가 바란 것은 울타리였다.
재학생들에게 안전하게 헤맬 수 있는 시간과 공간을 주고
싶었다. 청소년들은 학교에서 배움을 통해 성장하고,
그러는 동안 가치관이 쌓이며 생각도 많이 변한다.
때문에 학생들이 배움을 자기 삶으로 가져올 수 있는
시간, 자신만의 언어를 찾아갈 시간을 내어주고 북돋워줄
울타리가 되고자 했다.

그 소망대로 지금 동백의 학생들은 학교에서
페미니즘을 배운 후 학교를 '안전'한 곳으로 느끼게 되었다.
동시에 '바깥'의 친구들과는 여전히 페미니즘에 대해
이야기하기 어려워하기도 했다. 그렇다면 가정에서는
어떨까? 동백 가족회의에서 성차별적 상황을 침착하게
문제 제기하곤 했던 희수는 "동백에서 페미니즘 교육을
받고 성차별 상황의 불쾌함을 표현할 언어가 생겼다"고
만족스러워한다. 그만큼 가정 안의 성차별을 인지하는
감수성도 뛰어나다.

엄마 아빠 두 분이 맞벌이신데 가사는 엄마가
다 하는 것 같고 아빠는 설거지나 분리수거를
주로 해요. 엄마에게 좀 더 많은 일이 치중되어
있다고 느껴요. (학교에서 페미니즘을 배운 뒤 집에서)
페미니즘에 관해 얘기하면 아빠가 설득해보라는
식으로 이야기하는데 (이미) 페미니즘에 대해
안 좋은 인식이 있는 것 같아 그런 말을 꺼내지
못한다고 해야 하나. 아빠한텐 미안하지만 계속
이해시켜달라고 요구하는 것 같아 불편해요. 희수

희수는 가정에서 페미니즘 이야기를 꺼내면 "아빠가
계속 물어볼" 때를 "페미니즘을 배운 뒤 가장 안전하지
못한 순간"이었다고 표현했다. 공감보다는 반감이 있는
것 같아 질문을 받아도 말을 꺼내기 힘들다는 것이다.
페미니즘을 배우면서 하고 싶고 알고 싶은 게 많아졌다고
종종 말하는 희수는 일상에서도 스스로 관심사를 넓히고
실천의 영역으로 적극 나아가려는 모습을 보여주었다.
하지만 그에게 집은 안전하게 페미니즘 실천을 이어갈 수
있는 공간이 아니었다. 주변에 성차별적인 유튜브 콘텐츠
같은 것을 보는 동생들에게 "'그런 거 보지 마!' 하고 강하게

말"한다는 희수지만, 집에서는 "아빠와 싸우고 싶지는
않아서 그 자리를 피하거나 페미니즘에 대해 아예 언급을
안 하게" 된다고 말했다.

성평등 관점으로 각자의 가정에 관해 이야기를
나누어보니, 양육자가 성평등 가치 교육에 적극 공감하여
아이를 동백작은학교에 보냈음에도 각 가정 내에서는
양육자의 성 역할이 구분된 경우가 많았다.

> 아버지가 집안일에 거의 신경을 안 쓰시는 편이고,
> 어머니에게 가사노동이 많이 치우쳐 있어요.
> 페미니즘을 배우고 나니까 그런 것들이 더 많이
> 보이더라고요. 사실 엄마가 좀 안쓰럽긴 해도 가정
> 내 룰 같은 게 있었거든요. 어머니도 일을 하시지만,
> 아버지는 더 힘든 일을 하는 것 같고 밖에서
> 스트레스도 더 많은 것 같아서 (엄마가 가사노동하는
> 게) 되게 당연했던 것 같아요. 하준

배우고 보니 '이상하다'는 인식을 하게 되었지만 "가정 내
룰" "아버지는 더 힘든 일을 한다" 등의 표현에서 보이듯
대개 '아버지'에 대해서는 익숙함과 여러 통념을 중첩해

이해하고 넘어가려는 사고가 존재한다. 말하자면, 학생들은 페미니즘 교육을 통해 가정 내 성 불평등 구조를 인지하게 되었지만 그동안 '큰 문제 없이 지속되어온' 가정 구조에 균열을 내고 싶어하지는 않았다. 한편 그 대응으로 오히려 모부와 달리 본인은 페미니즘적 실천을 해나가겠다는 의지를 다지기도 했다.

성차별적 사회 구조를 배우고 차별을 발견해내며 나아가 학교와 학교 밖, 학교와 가정에서 이 문제를 이야기할 때의 차이를 민감하게 인지하게 된 동백의 학생들은 "이 이야기를 해도 안전한가"를 탐색한다. 이미 정해진 사회적 기대와 규범이 있고 이 틀에서 벗어났을 때 혐오와 낙인의 대상이 되기 쉽다는 것*을 경험으로 알기 때문이다. 나우는 페미니즘 교육을 받은 뒤 유튜브의 허위 뉴스나 비방을 구별할 줄 알게 되었고, 심한 내용은 신고하기 시작했다. 하지만 여전히 '밖'에서는 망설인다.

> 학교에서는 조금이라도 성차별적인 부분이 있으면 바로바로 이야기할 수 있는데 사실 아직 밖에서는 바로 이야기하진 못해요. 그래도 제가 실천하는 건 오히려 보란 듯이 드러낸다고 해야 하나? 하여튼 제

---

* 쥬리, 2016.

이전에는 아무렇지 않게 넘길 수 있었던 말들에서
문제를 느끼고 대응법을 궁리해야 하는 상황은 불편으로
다가올 수도 있다. 하지만 학생들은 페미니즘을 배워서
불편해졌다고 인식하기보다는 우리의 삶에서 일어나는
이 크고 작은 차별을 어떻게 해서든 "더 알리고 싶어"했다.
특히 남학생들의 경우 페미니즘에 대한 혐오를 대수롭지
않게 여기며 차별의 언어를 써온 만큼 기존에는 문제
자체를 잘 인식하지 못했다. 하지만 일상적으로 혐오를
내뱉는 또래 남학생들을 더 겪어서일까? 곧 내가 배운
것을 친구들도 배워야 한다고 열변을 토했다. 은우의 경우
이전엔 불편을 느끼지 않았을 부분이 불편해졌지만 그래서
"정말 다행"이라고 말했다.

> 학교 안에 있다가 학교 밖으로 나가면, 예전에는
> 잘 안 들렸는데 감수성 없는 말들이 곳곳에서 정말
> 많이 들려오는 걸 느껴요. 저도 페미니즘 교육을
> 받지 않았다면 별 불편함 없이 듣고 있었을 것
> 같아요. 아직도 제 친구들은 게임 같은 거 할 때

욕으로 게이, 레즈비언 같은 말을 써요. 남자애들 사이에서는 그렇게 의식 없이 쓰여요. 그래서 10대 때 학교에서 페미니즘을 배운 것이 정말 다행이라고 생각해요. 아직은 특별히 제 생각을 말하진 못하고 그냥 무시하거나 차단하거나 하는데, 적어도 제가 페미니즘을 배워서 혐오하고 비난하지 않을 수 있다는 것도 고마운 일인 것 같아요. 은우

은우는 아직 그런 친구들에게 직접 말하기는 어려워하지만 적어도 자신이 페미니즘을 배워서 무지한 혐오를 반복하지 않을 수 있다는 것이 "고마운 일"이라 느낀다. 여학생들 또한 반페미니즘 정서에 어떻게 대응할지 각자의 다양한 전략과 방식을 고민하는 모습을 보여주었다. 상민은 말하는 쪽을 택했다. 상민은 페미니즘을 배운 뒤 불쾌한 상황들을 좀더 명확히 문제 삼을 수 있게 됐다고 한다.

저는 대안학교에 다니고 페미니즘 교육을 받다 보니 친구들이랑 대화할 때 걸리는 지점들이 좀 있어요. 예를 들어서 친구들이 성소수자에 대해 이상하게 말하고 게이라고 하면서 깔깔깔 웃으면, 예전에는

불편해도 '내가 맞나?' 하는 생각이 들었고 (…)
말해도 애네가 어차피 안 들으니까 그냥 넘겼는데
지금은 그래도 말하고 있어요. 말을 계속 해주면
알게 되지 않을까 하는 생각으로요. 상민

지금은 조화로운 실천을 고민하는 학생들이지만
동백작은학교에 오기 전에는 대부분이 미투 같은 굵직한
여성 폭력 이슈에 대해서도 전혀 몰랐다. 10대들은 특별히
가르치지 않으면 자신이 살아가는 시대의 일이라도 사회
문제에 큰 관심이 없는 경우가 대부분이다. 동백에서 젠더
이슈에 대해 배우고 토론하면서 학생들은 자신이 이런
심각한 일들을 지금까지 몰랐다는 데 당혹감을 표하기도
한다. 상민은 동백의 발표 과제로 '미투' 조사를 시작하고
무척 당황했다.

그냥 영어라고 생각했는데, 미투가 엄청난 여성들의
역사였더라고요. 근데 제가 이 시대에 살고 있으면서
그걸 모르고 있었던 거예요! 상민

청소년 페미니스트들의 성장은 많은 가능성을 보여주고

있다. 학교 페미니즘은 이들이 사회 규범의 틀에서 벗어나
온전한 자기 자신으로서 안전하게 존재할 수 있도록
돕는다. 동백작은학교 학생들은 공통적으로 "페미니즘
교육으로 인해 이 학교가 안전하다"고 인식한다. 이는 학교
밖 공간이 안전하지 않다는 상대적 인지의 결과이기도
하다. 그리고 모든 학생이 페미니즘을 실천하는 데 있어
'안전감'을 주요 키워드로 꼽았다.

성평등 실현을 위해 학교는 반드시 학생들에게
안전한 공간을 제공해주어야 한다. 안전한 환경이 제공될
때 학생들은 각자의 목소리를 낼 수 있고 거기서부터
시작이다. 동백작은학교 학생들은 페미니즘을 배움으로써
학교 밖의 세상에서도 차별과 혐오를 구분할 줄 아는
시선을 얻었고 그것을 적극 개선하려는 의지를 드러냈다.
이 변화는 궁극적으로 젠더 문제를 넘어 학생들이 전
영역에 긍정적 자아상을 갖도록 한다. 결국 페미니즘
교육의 지속 가능성은 이 사회를 변혁시킬 힘을 지니고
있다.

교사 이야기

동백작은학교의 교사는 총 세 명이다. 거듭 강조하지만
페미니즘을 문화로 정착시키려면 학교 구성원 모두가
동참해야 한다. 동백작은학교 교사들은 이미 학교에서
페미니즘 가치를 주요하게 가르친다는 것을 알고
합류했기에 적극 협조하고 있다.

"제가 태어났을 때 아버지 쪽 집안에서 잔치가
벌어졌거든요." 20대 남교사 개구리는 삼대독자다.
스스로의 출생 잔치에 대해 직접 이야기할 수 있을 정도로
그는 남아 선호가 강한 집안에서 자신의 귀한 출생
이야기를 어른들께 전해 들으며 자란 인물이다. 페미니즘에
관심이 없었던 그는 동백에 와서 공부를 시작했다.

> 학생들은 아는데 제가 모르면 부끄러운 교사가 될
> 것 같아서 학생들과 함께 배웠어요. 나름 대안학교
> 6년을 다녔고 세상이 평등하다고 생각했는데
> 페미니즘을 알게 되며 여지없이 무너졌죠. 집안에서
> 삼대독자로 (…) 태어나자마자 차별과는 거리가
> 먼 삶을 크게 불편함 없이 살아온 거죠. 완전히

> 뼛속까지 갈아엎지 않으면 저는 죽을 때까지
> 성찰해도 여성의 삶을 이해하지 못할 수도 있겠다는
> 생각이 들었어요. 개구리

성차별이 자신의 일이 아니었던 개구리가 문제의식 없이
살아온 과거를 돌아보고 익숙했던 언어를 바꿔나가는 데는
시간과 노력이 필요했다. 그는 몇 해 동안 동백의 페미니즘
수업을 반복 수강하며 학생들과 같은 위치에서 토론하고
과제도 수행했다. 그는 자신의 일상을 바꿔나가며,
교육자로서 반드시 "체화될 때까지" 페미니즘을
공부하겠다는 강한 의지를 보였다.

> 특히 제 삶을 돌아보면서 어머니의 삶이 계속
> 떠올랐어요. 매우 죄송했죠. (페미니즘을 공부하고)
> 제가 하는 수업도 변화했지만, 수업 외적으로도
> 끊임없이 저를 점검하게 됐어요. 개구리

30대 남교사 다슾은 결혼 후 아내와 함께하는 삶을 통해
페미니즘에 대해 알아가기 시작했고, 이전의 자신을
부끄러워한다. 그 역시 실천하는 학생들과 함께하기 위해

계속 성찰하며 배우고 있다. 그리고 가정에서도 성평등
구조를 실현하려 노력 중이다.

> 한번은 아들이 치마가 입고 싶다는 거예요. 그래서
> 치마바지를 사주고 어린이집에 입혀 보냈거든요.
> 그런데 그 어린 나이에도 또래 아이들이 낯설게 보는
> 게 불편했나 봐요. 사회가 규정해놓은 성 구별이
> 어린이집에도 이미 자리잡고 있는 거죠. 다슾

스스로 "이전엔 남성 우월주의 문화에 익숙했고 불편을
못 느꼈다"고 말하는 그는 성찰, 탐구, 적용을 반복하며
바뀌어갔다. 그는 이제 사회의 성 구별과 제약을
의문시하기 시작한 교사이자 양육자다.

두 교사는 모순 없는 성평등 문화를 지향하는 동백에
"부끄럽지 않은 교사"가 되고자 한다. 페미니즘 수업 때면
학생들과 평등한 자리에서 함께 배우고 토론하는데, 교사-
학생 사이 지식 권력의 경계가 허물어지고 친근하면서도
치열한 이야기들이 왕성하게 펼쳐진다.

마지막으로 지정 성별 여성인 나는 세상 살면서
불편한 것이 참 많은 사람이다. 페미니즘 감각으로 세상을

바라보면 바뀌어야 할 것투성이다. 페미니즘을 배운
학생들은 이전 학교의 친구들을 만나고 오면 늘 대화나
분위기가 불편했다고 토로하는데, 이는 나 역시 살면서
쭉 느껴온 감각이다. 그래서 학생에게 주저 없이 말해줄
수 있다. "□□야, 너도 나처럼 불편한 게 점점 많아질
거야. 샘은 그래서 세상 살기 참 힘든 사람이야. 하지만
괜찮아. 네가 불편한 건 사회의 불평등 맥락을 읽고 있다는
뜻이거든. 잘하고 있어." 그리고 덧붙인다. "그 불편함을 잘
표현할 너만의 수단을 찾아야 해." 격려 반, 과제 반이다.

　　　페미니즘을 문화로 삼겠다고 학교를 세웠지만,
학생들과 실제로 교육 현장을 만드는 일은 생각보다 쉽지
않았다. 여타 교과의 시험문제처럼 정해진 정답이 있지
않기 때문이다. 청소년들이 스스로 제 감각을 찾아가도록
돕는 과정은 나에게도 큰 성장의 시간이 되었다.
페미니즘을 어떻게 가르칠까를 고민할 때, 단순한 강의는
그들의 것이 되지 못한다는 지금까지의 경험을 잊지 않으려
했다. 훌륭한 강사들을 모셔 강의를 듣는다 해도 학생들의
삶으로 이어지지 않는다. 페미니즘은 실천의 영역이기
때문에 긴 시간 그들의 삶 속에서 자신들의 이야기를 길어
올릴 때라야만 제대로 된 배움이 이루어진다. 사실 학생,

교사, 양육자를 포함해 동백의 구성원 중 페미니즘에
관심도 성찰도 없는 사람은 꽤 있다. 하지만 중요한 건
페미니즘을 지향하는 학교이고 학생들이 이를 필수로
배워야 한다는 점이다. 학교의 고집스러운 성평등 문화가
있기에, 이들 역시 페미니즘 '밖'에서 '안'으로 들어오려고
부단히도 노력 중이다.

　　　남성 우대 사회에서 살아오며 조금도 불편하지
않았던 이들을 끊임없이 자극하고 성찰하게 돕는다. 나는
이런 일을 하는 사람이라고 생각한다. 다양한 영역에서
여러 방식으로 페미니즘을 멋지게 실천하는 분도 많지만,
나는 배워서 남 주는 것이 큰 기쁨과 보람으로 다가오는
사람이다. 시대적 상황에 따라 주요 쟁점은 계속 달라졌고
그것을 담아내는 실천 방향도 진일보했다. 그 변화 속에서
오랫동안 학생들에게 성평등을 가르쳐왔다.

　　　나는 십수 년 전 집에서 아이를 낳았다. 출산 과정에
개입하는 병원의 방식에 동의할 수 없었기 때문이다.
안전을 위한 정기검진은 받았으나, 한국 병원의 보편적인
분만 과정과 신생아에 대한 처우가 (적어도 내게는)
폭력적이었다. 세상에 나오자마자 아이가 만나야 하는
차갑고 뾰족한 주삿바늘(B형간염 백신 접종)도 거부했다.

누가 호주를 할지를 남편과 오랜 시간 고민하기도 했다. 이런 선택들이 내게는 페미니즘이 이끈 실천이다.

이런 사람이 학생들을 가르치자면 자기 검열과 성찰이 끝도 없다. 내가 강요하고 있지는 않은가? 나의 언어는 적절한가? 나의 시각과 해석이 편협하지는 않은가? 고민만으로 고단해지는 일상이다. 교육자로서 좀더 자신 있게, 깊이 있게 학생들을 만나고자 대학원에 진학도 했지만 논문 또한 자기 검열만 하다 끝이 난 것도 같다. 그러나 부단한 고민의 결과가 값지다는 것 역시 삶이 증명해준다. 공동체에 점점 성평등한 문화가 자리매김해가는 것을 보며 큰 보람과 성취를 느낀다. 타인들과 일상의 실천을 나누기에 비로소 더 많이 뻗어나가는 촉수의 관계망이 이곳에 있다.

양육자 이야기

동백작은학교의 양육자들은 모두 학교의 교육 철학에 동의한 분들이다. 학교 누리집 대문은 물론 입학 서류에도 채식과 페미니즘 교육을 한다는 내용이 앞쪽에 명시되어 있다. 동백작은학교는 소수의 청소년이 함께 살아가는 청소년 민주시민공동체이기 때문에 학생 선발 시 심층 면접을 거친다. 선발 기준은 외국어 능력이나 수학 영재 같은 지표와는 완전히 무관하다. 양육자가 학교의 방향성에 얼마나 동의하는지, 동백에서의 배움에 대한 학생들의 자발적 동기가 어느 정도 되는지가 중요하다. 동백의 문을 두드리는 양육자 가운데는 제도권 학교의 교직에 계신 분들이 해마다 포함된다. 양육자 자신이 제도권 학교 문화와 한계를 잘 알기에 아이에게 다른 교육 환경을 주고 싶은 분들이다.

양육자1은 애초 동백작은학교에서 페미니즘 교육을 필수로 한다는 점 때문에 아이에게 학교를 소개했다. 학교에서 성평등 교육을 이어가고자 한다면 교사 개개인의 의지에 더해 양육자의 의지 또한 중요하다. 양육자가 페미니즘 가치에 동의하고 가정에서 성평등 실천을 함께해야 한다.

> 아이가 동백학교 다니기 이전에는 분노와 두려움이
> 있었어요. 예를 들면 여성 연예인이 악성 댓글에

시달리고 자살하는 사회가 너무 부당하다는 걸 알고 있고, 자기 일처럼 분통을 터뜨리면서 이야기하곤 했어요. 이게 굉장히 본능적인 분노이고 한편으로는 두려움이기도 하잖아요. 동백에 입학하기 전까지는 그런 문제를 얘기할 때 저에게도 한계가 있었어요. 그냥 같이 한숨을 쉬고 공감하는 정도고, 아이가 느끼는 두려움을 어떻게 해줘야 하는지, 더 깊게 들어가지 못했던 것 같아요. 그런데 동백학교 다니면서 페미니즘 수업을 지속한 뒤에는 아이가 스스로 많이 풀어낸다는 느낌을 받았어요. 자신의 감정을 학교 내에서 충분히 공감받고, 이런 상황이 왜 생겼는지를 이해하게 된 것 같았어요. 학교 내에서 긍정적으로 풀어내다 보니까 집에 와서는 "엄마, 나 오늘 이런 얘기 들었어"라며 오히려 저에게 알려주거나 이해시켜주거나…… 문제를 대하는 태도나 결이 좀 바뀌었다는 느낌이 들었어요. 양육자1

그는 딸이 동백에 입학해 페미니즘을 배운 뒤 사회에 대한 여러 감정을 스스로 소화하고 풀어나가는 힘을 얻었다고 느낀다. 아이가 분노를 넘어 문제를 '이해'하게 된 변화,

답답했던 문제들을 스스로, 원하는 방향으로 잘 접근해가는 과정이 "굉장히 인상적이었다"고 한다. 이전에는 감정적으로 동요하는 아이를 양육자가 일방적으로 보호하거나 그 감정을 완화해줘야 한다고 느꼈다면 이제 문제를 함께 고민하고 동등하게 나누는 방향으로 대화하게 되었다. 그런 딸에게 자극받아 양육자 스스로도 공부해야겠다는 의욕을 보이기도 했다. 학생의 변화와 함께 양육자들도 성장하고 있다.

> 아이가 관심을 갖고 집중하는 이슈에 함께 공감하고 대화하려면 제가 그걸 알아야 하잖아요. 또 엉뚱한 소리 했다가 아이가 저와 단절될 수도 있으니, 저도 공부를 하게 돼요. 같이 사는 남자(남편)도 많이 찾아보고 아이와 소통하려고 노력하더라고요. 남자는 여성들만 경험으로 알 수 있는 부분, 폭력 등 자신은 경험하지 못한 부분에 대해 겸손해야 한다고, 그 태도를 유지하려고 노력해요. 아이가 학교에서 페미니즘을 배워서 저희도 정말 엄청나게 성장하고 있는 거죠. 양육자1

딸에게 좀더 당당하기 위해, 엉뚱한 소리를 해서 딸과 멀어지지 않기 위해 양육자1은 자신도 예민한 감수성을 놓치지 않으려고 노력한다. 그리고 필요할 때는 아이를 가르칠 수도 있기를 바란다. 때문에 양육자 대상 교육도 주기적으로 있었으면 좋겠다는 의견을 내기도 했다.

　　동백작은학교에 새로운 학생이 들어올 때, 제일 먼저 양육자를 대상으로 성평등 교육을 한다. 하지만 학교의 가치에 동의한 양육자들이라 해도 "페미니즘 교육으로 인해 남학생들이 소외되거나 기를 펴지 못한다" "여학생 중심으로 교육이 흘러가는 것 아닌가"를 걱정하기도 한다. 양육자가 이러한 관점을 가지고 있으면 이는 해당 학생에게서도 그대로 나타난다. 동백에 입학해 페미니즘 수업에서 함께 왁자지껄 이야기하는 것 같다가도 기숙사에 돌아가 "결정이 여자애들 위주"라고 불평하던 남학생이 그 예다. 평등을 얘기할 때 위해지는 것이 여성이고 남성에겐 손해라는 감각은 가정환경에서 재생산되기도 한다. 특히 어머니가 아버지를 '모시고 사는' 형태의 가정이라면 더욱 그렇다. 하지만 경험으로 느낀바, 학교가 원칙을 정하고 이끌어간다면 가정 안의 성 역할 불평등이 견고하더라도 학생들은 변할 수 있다. 중요한 것은 어쨌든 양육자가 그러한 교육에 동의하고 교사를 신뢰하도록 하는 것이다. 그리고 학생들이 변하면 양육자도 변한다.

> 양육자 교육을 더 강화하고 필독서 같은 것도 지정해주면 좋겠어요. 저는 여성들한테 페미니즘을 주장하기보다 남성들이 페미니즘적 시각을 갖고 있어야 한다고 보거든요. 아이들이 페미니즘적 사고를 갖고 인권을 배운들 모부가 변하지 않으면 소용없다고 봐요. 양육자2

양육자1, 2는 양육자 대상으로도 주기적인 페미니즘 교육이 반드시 있어야 한다고 제안했다. 학생들이 성장한다면, 그들과 소통하는 모부 역시 노력이 필요하다. 페미니즘 수업이 "아들을 소외시킨다"고 하던 양육자도 학기 말 발표 수업에 참관해 아들이 '감명 깊은 페미니즘 수업'을 주제로 하는 훌륭한 발표를 들으면 박수를 보낼 수밖에 없다.

한편 어떤 아버지들은 페미니즘을 배운 딸에게 혼나기도 한다.

아이가 페미니즘 교육을 받고 가정 내에서 논리가
없는데 한 번씩 우기는 경우가 있거든요. 막
얘기하다 몇 번 혼나기도 하고 다투기도 하는데……
하여튼 저한테는 딸이기보다 그냥 사랑스러운
아이고 절대적인 사랑인데, 이제 제 딸은 아빠를
페미니즘으로 개량하려고 하는 거죠.☺
  딸은 이제 막 동백에 왔고 제도권 학교에 다니는
또래의 친구들을 보잖아요. 다 화장하고 다니고,
꾸밈에 대한 관심이 많고 심지어는 학교 선생님이
'야 너는 화장 좀 해야겠다'라는 식의 외모 평가를
한대요. 그런 거 보면 딸은 정말 성차별이 없는
구조에서 잘 크고 있는 거죠. 꾸밈과 소비를
생각하며 시간을 보내기보다 페미니즘을 배우고 더
당당하게 살아가는 모습을 볼 때 딸이 성장했구나
느껴요. 그럴 때 저도 자연스럽게 페미니즘에 관심을
가지는 것 같아요. 근데 정말 개기고 우기는 것만
많이 느는 것 같아요. **양육자2**

양육자2는 페미니즘에 큰 관심 없이 살아오다가 "아빠를
페미니즘으로 개량"하려고 하는 딸을 통해 조금씩 성차별

문제에 관심을 가지기 시작했다. 초기에는 "순하게"
커오던 딸이 페미니즘을 배운 뒤 가정 내의 성 역할을
문제 삼고 '개김'과 '우김'이 많아져 화도 나고 적극적으로
받아들일 수 없었다. 하지만 딸이 자신의 논리를 찾아가는
긍정적인 과정으로 받아들이려 한다. 그 자신이 적극적으로
변화하려는 상황은 아니지만 그는 아이가 당당하고
주체적으로 성장하는 데 만족해했다.

　　　성장 환경에 따라 10대 청소년들의 젠더 감수성은
천차만별이다. 성차별적 인식과 태도를 바꾸려는 양육자의
노력은 학생들의 삶에도 많은 영향을 미친다. 이를 느끼기
때문에 양육자들도 지속적 교육을 요청하는 것이다. 교사
대상 교육과 마찬가지로, 성인 대상 단발성 교육에는
한계가 있다. 대다수가 '자신은 이미 알고 있고, 나쁘지
않다'고 생각하기 때문이다. 양육자들 역시 성평등한
시각을 장기적으로 함께 실천할 수 있도록 지속적 교육과
성찰이 필요하다.

공동체의 성찰 너머

이야기를 나누어보면 아이들은 사회와 어른들의 모습을
그대로 닮아 있다. 어떤 환경에서 성장하고 있느냐에 따라
어린 나이에, 특별한 지식 없이도 성에 대한 고정관념이
굳어 있는 경우가 많다. 하지만 이 시기의 아이들은 사고의
유연성이 있고, 사회적 가치에 관심이 많으며, 주변과 함께
그 가치를 실천하고자 하는 의지가 크다.

　　　동백작은학교의 학생들은 '페미니즘'이라는 언어에
큰 불편함을 느끼지 않는다. 하지만 제도권 학교를 다니며
페미니즘을 접하고 동백작은학교로 편입학을 한 남학생
하준의 경우 상당한 혼란을 겪었다. 자신이 보고 들었던
페미니즘과 학교에서 배우는 페미니즘 사이의 간격이
너무 컸던 것이다. 하지만 그는 곧 지금까지 알던 것이
'틀린' 것임을 이해했다. 그 빠른 전환은 청소년기의 유연한
사고 덕분이기도 하지만, 동백작은학교가 '바깥'의 관점
즉 페미니즘에 대한 낙인과 선동을 둥글게 넘어가지 않는
곳이기에 가능했을 것이다. 앞서 보았듯 이제 하준은
'페미니즘'이 아니라 페미니즘에 대한 심각한 혐오를
내버려두는 사회에 불만을 토로한다. 그는 자신뿐 아니라

다른 또래들도 반드시 페미니즘을 제대로 배워야 한다고 강조하는 페미니스트다.

인터뷰 참여자들을 통해 본 지속적인 페미니즘 교육은 학교의 성평등 문화를 형성하고, "무엇이든 이야기 나눌 수 있는" "차이와 다름을 인정하는" 안전한 울타리를 만들어주었다. 페미니즘을 배울수록 일상에 '불편'한 게 많아졌지만 기꺼이 이 불편들을 인지하고, 존재하는 차별을 해소하는 전략을 고민한다. 배울수록 더 알고 싶어했고, 더 많은 질문을 던졌다. 배움은 각자의 일상을 바꾸었고 서로를 살리고 이해하는 공동체 돌봄의 문화로 이어졌다.

페미니즘은 소수자의 위치에서 주류의 사고방식 및 행동 양식을 읽어내는 관점을 제공한다. 동백의 학생들 역시 자연스럽게 소수자의 삶을 이해하고자 하며 그들과의 연결 지점을 찾아가고 있다. 역사적으로 페미니즘은 섹슈얼리티, 몸, 계급, 인종, 국적, 연령 등의 측면에서 전개된 소수자 시민권운동과 함께해왔다.[•] 이를 이해함으로써 청소년들은 주류라 여겨지는 고정관념에 따르는 대신 스스로 생각하고 행동하는 방법을 알게 된다.

공동체 안의 성차별, 성희롱을 제재하고 풀어가는 과정에서 자신을 드러내고 의견을 말하는 법을 알게 된

• 김영옥, 2008.

것 역시 이 시기의 학생들에게 중요한 배움이다. 하지만 여전히 문제는 남아 있다. 학생들이 입을 모아 말했듯 '학교는 안전하기에 말할 수 있지만 밖에서는 그렇지 않다'는 점이다. 실제로 학교 내에서는 다양한 젠더 이슈에 자기 목소리를 내는 학생들이 가정에만 가도 문제를 제기하기 어려워했다. 가정의 평화로운 틀을 깨고 싶지 않고 "안전하게 존재하고 싶은" 마음이 가정의 성 불평등 구조에서는 침묵을 택하게 하는 것이다.

다행히 교사와 양육자들 역시 노력하고 있다. 기존에 접한 페미니즘에 대한 낙인을 틀린 것으로 받아들인 하준과 달리 이미 성인인 교사 다슭의 경우 단어 오염에 대해 다른 견해를 보이기도 했다. "성평등에는 동의하지만 페미니즘은 혐오하는 사람들"이 많으므로 전략적으로 접근해 페미니즘이 아닌 한국 사회에 맞는 "다른 평화의 언어"를 사용하자고 제안했던 것이다. 하지만 부정적 인식과 정략화된 낙인을 피해 언어를 바꾸는 것이 근본적 해결이 될까? 오히려 페미니즘을 낙인찍고 여성 억압을 지속하려는 사회적 힘이 이토록 건재하기 때문에 페미니즘 교육과 실천이 필요하다.

페미니즘이 여성들만을 위한 것이며 남성을

소외시키는 주제라고 여겼던 학생들은 배움을 통해
변화했다. 남학생들은 페미니즘 실천 공간이 자신들도
안전하게 목소리를 낼 수 있는 곳임을 경험하고 페미니즘을
긍정하게 되었다. 그리고 함께 다양한 성평등 문화를
형성하는 데 동참한다. 가까운 삶 속에서 경험을 통해
배워나갈 때 10대들이 얼마나 빠르게 변화할 수 있는지를
이 현장에서 나 역시 배우고 있다.

5장   공교육은
도대체 왜

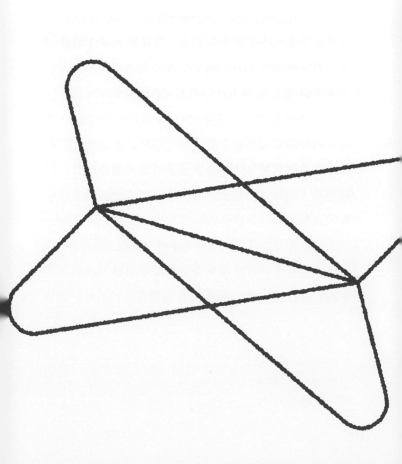

제도권 성교육의 현주소

1950년대 정결 교육으로 시작한 성교육은 1987년 제5차 교육 과정에서 공식 교육이 되었으며, 이때 성교육을 양성평등교육과 다른 독자적인 교육 과정으로 다룰 수 있는 기반이 마련되었다. 이어 2007년 개정된 학교보건법에서 보건교육을 체계적으로 실시하도록 규정하여 보건 과목은 국가 차원의 교육 과정으로 위상이 강화되었다.[*]

이후에도 성교육은 꾸준히 이어졌고 2013년부터 교육부도 국제사회에 발맞춰, 현재는 교육부 지침에 따라 초중고 학년별 연간 15차시 이상을 정규 교육 과정에서 운영하게 되어 있다. 하지만 연간 17시간(초등 5·6학년, 중·고교 1개 학년 대상) 가운데 성 관련 내용은 4~5시간에 그치며 이마저도 시행하지 않는 중·고등학교가 많아지면서 학교 성교육에 대해 '현실적으로 도움이 되지 않는다' '성차별·구시대적 내용이 많다'라는 비판이 최근까지 지속되고 있다.

실제로 제도권 학교에서 이루어지는 성교육이 시수 채우기에 급급한 나머지 교육 목표 달성을 위한 보조 내용으로 언급되는 데 그치며, 교육 계획에만 존재하는

---

[*]   정해숙 외, 2013.

학습 주제라는 인식[**]은 동백작은학교 학생들의
이야기에서도 다시 확인할 수 있었다.

> 학기에 한 번인가 1년에 한 번인가 보건 선생님이
> 오셔서 영상 조금 보여주고 뭐 생리대에 관해서
> 알려주시고. 근데 그 시간이 애초에 짧다 보니까
> 귀에 잘 들어오지도 않았어요. 그리고 다 아는
> 내용이고…… 좀 이벤트 같은 식? 코로나 때는
> 학교도 많이 안 가서 성교육 수업을 안 했어요. 상민

초등젠더교육연구회 아웃박스가 2020년 9월
21일부터 10월 1일까지 초등학생 14명, 중·고등학생
76명, 성인 395명을 조사한 결과 초등학생 8.6퍼센트,
중·고등학생 41.6퍼센트, 성인 70.1퍼센트가 '학교
성교육이 불만족스럽다'라고 답했다. 또 2018년
한국여성정책연구원이 중학생 4065명을 조사한
결과(청소년 성교육 수요조사 연구) 성 지식과 정보를 얻는
주요 통로는 학교성교육(48.9퍼센트)이었으나 유튜브
등 인터넷(22.5퍼센트), 친구(17.1퍼센트)를 통한다는 답도
적지 않았다. 모부로부터 성 지식을 얻었다는 답변은

** 조현아, 2016.

2.3퍼센트에 그쳤다.[*]

우주는 초·중등학교를 제도권에서 다니다 중3 과정으로 동백에 편입한 학생이다. 그는 기존에 받았던 성교육에 회의적이었고 특히 성평등과 관련해서는 유의미한 배움의 기억이 전혀 없다. 또한 담당 선생님에 따라 내용의 깊이가 크게 다르다는 점도 지적했다.

> (제도권) 학교에서 성교육을 받았을 때 성평등 교육이라고 생각됐던 건 거의 없어요. 성평등 교육보다는 몸을 소중히 여겨라, 정자와 난자가 만나서 우리가 만들어졌다 정도였어요. 학교에서는 그것도 담당 선생님마다 달랐어요. 학교에서 받은 교육은 그냥 한 10분 정도였던 것 같고, 늘 여학생 남학생 따로 모아놓고 했어요. 우주

실제로 제도권 학교에서 성교육을 담당하곤 하던 보건 교사 대신 전문성을 갖춘 외부 강사나 시청각 자료에 의존하는 경향이 커지고 있는데[**] 수업에 연속성이 없고 포괄적 관점에서 내용을 구성하기 어렵기에 학생들이 수업을 통해 얻는 교육 효과는 천차만별이다.

- 『한겨레』 "성관계 그림은 '성문란'인가요?" 2020.11.27.
- •• 최유진 외, 2016.

한편 나이, 성적, 성별 등에 의한 혐오가 일상화되어가는 학교 안에서 인권 감수성과 페미니즘 교육에 대한 사회적 요구는 높다. 이미 2018년 '초중고 페미니즘 교육 의무화'를 요구하는 국민 청원 동의가 21만을 넘었다. 청원에는 "학교에서 주기적으로 페미니즘 교육을 실시하고 학생뿐 아니라 선생님들도 배우는 제도가 있었으면 한다"는 내용이 포함되었다.

동백작은학교에서 페미니즘을 배운 뒤 희수는 "초등학교 생활을 자주 돌아보게 되었다"고 말한다.

> (초등학교 때) 어떻게 그랬나 싶을 정도로 다 서로에게 무지했고 너무 선을 넘었고 또 자기 몸에 대해서나 남의 몸에 대해서 잘 몰랐어요. 제가 어떤 성차별적인 일을 겪었는데 제가 왜 불쾌한지조차 제대로 이해가 안 가는, 반박할 말도 찾지 못하는 그런 상황이요. 이유 모를 불쾌함만 가진 채 6년을 보냈던 것 같은데 페미니즘 교육이 그걸 설명할 언어를 줄 수 있다고 생각해요. 희수

희수의 이야기 역시 적극적인 성평등 교육과 학교 페미니즘

교육이 어릴 때부터 중요하게 이루어져야 할 필요를
가리킨다. 그러나 이러한 사회적 요구들에도 불구하고
제도적 현실은 오히려 퇴보의 기로에 서 있다.

성평등을 금지한다

2022년 12월 22일 장상윤 교육부 차관은 정부서울청사에서
브리핑을 열고 '2022 개정 초·중등학교 및 특수학교 교육
과정'을 발표했다. '자유민주주의'가 추가되고 '성소수자'
'성평등' '재생산' 등 표현이 빠진, 보수화된 새 교육 과정을
교육부가 확정한 것이다. 이에 교육 시민단체들은 "윤석열
정부가 교육 과정을 정권 입맛에 맞게 뒤흔들었다"며 교육
현장에 도입 전 추가 개정이 시급함을 촉구하기도 했다.[•]
　　교육부는 개정 이유를 "성정체성이 확립되는 시기인
청소년기에 성소수자에 대해 교육하는 것이 성정체성
혼란을 야기할 수 있다는 우려가 제기됐기 때문"이라고
설명했다. 그러면서 '사회적 소수자' 설명에서 '성소수자'
용어 삭제 및 '성적 지향'을 차별 사유에서 배제했고, 성 관련

- 　『한겨레』 "성평등 없는 2022 교육 과정 확정 발표… "개정 아닌 개악""
  2022.12.22.

표현에 지속적으로 제기된 우려를 고려하여 기존 '성평등' 용어를 '성에 대한 편견' '성차별의 윤리적 문제' 등으로 수정, '성·재생산 건강과 권리'를 '성·생식 건강과 권리'로 수정함으로써 성적 권리와 재생산 권리의 개념과 가치를 축소하려는 의도를 여실히 드러냈다.** 여성 단체와 성소수자 인권 단체를 중심으로 학교에 성평등 교육이 위축될 우려를 제기했고 그러한 우려 지점은 각 교육 단체에 반영되어 피해는 고스란히 학생들과 성평등 교육을 위해 애써왔던 교사들이 감당해내는 실정이다.

성적 권리는 크게 성적으로 보장받을 권리와 침해받지 않을 권리로 나뉜다. 하지만 2025년 현재 한국 청소년들에게 성적 권리는 존재하지 않는다. 한국 사회는 기본적으로 청소년을 보호 '대상'으로 간주한다. 그리하여 학생의 주체성이나 권리를 존중하기보다 보호라는 명분으로 제한하고 통제한다. 그 범위를 정하는 것은 학생을 둘러싼 성인들이고, 통제가 이루어지는 주된 장소가 학교다. 청소년들은 학교에서 주체가 되는 경험을 하지 못하며 이 현실이 시민 주체로의 성장에 걸림돌이 되고 있다.

두려운 점은, 이미 문제가 산더미이건만 계속

** 『여성신문』 "성소수자, 성평등 뺀 교육 과정… 교육부, UN 지적에 "사회적 합의 안 돼"" 2023.03.13.

5장   공교육은 도대체 왜

더 나빠지고 있다는 사실이다. 교사들은 이제 교실에서 '성평등'을 말할 수 없다. 페미니즘을 교육 내용으로 다루지 못한다. 학교와 사회에 고착된 젠더 불평등을 성찰하고 비판적으로 변화시킬 수 있는 교육을 사실상 배제하고 기존 젠더 규범을 재생산한다는 자체가 학생들의 가장 기본적인 인권을 침해하는 일이다. 페미니즘은 여성도 인간으로서 정치·경제·사회적으로 동등한 권리를 가져야 한다는 신념이나 주장을 뜻하며 점진적으로 '여성'에 대한 차별뿐 아니라 엄격한 성 역할 구별로 억압을 느끼는 '남성'이나 스스로 느끼는 성정체성이 사회가 허용하는 범주와 맞지 않아 갈등을 겪는 이들까지 포함하는 방향으로 확장되고 있다.[*] 그런데 현재 성평등 교육은 지금까지 힘들게 나아온 시간이 무색해질 만큼 다시 과거로 돌아가고 있으며, 성교육 자체에 거부감을 드러내는 사람들이 오히려 큰 목소리를 낸다.

UNHRC 유엔인권이사회가 교육부의 2022 개정 교육 과정에서 '성소수자' '성평등' 등 표현이 빠진 것은 국제 인권 규범 위반이라고 지적하자, 교육부에서 "사회적 합의가 이뤄지지 않았다"고 반박한 사실이 알려졌다.[**] 그리고 '성소수자' '성평등' 등이 빠진 교육 과정을 2024년부터

---

[*]   한국여성연구소, 2014.
[**]   『여성신문』 같은 글.

시행하는데 언론에서 거의 다루지 않았고 대부분의 사람이 전혀 모르고 있다. 그렇다면 교사들은 어떨까? 마찬가지로 모르고 있다. 연수차 동백작은학교를 방문한 대안교육 관련자들도 거의 알지 못하고 있었다. 그런데 이제 교사가 '성평등' 용어를 사용하면 안 된다는 말도 안 되는 규제가 적용되었다는 것을 잘 알고 휘두르는 이들이 있다. 보수 기독교 단체들이다. 이들은 현장 교사도 모르게 개악된 규정들로 교육 현장을 감시하고 교육자들 대상으로 조직적 민원을 넣고 있다.

2024년 학생인권조례 폐지도 같은 맥락이다. 12년 만에 학생인권조례가 폐지된 이유에는 '동성애를 조장하고 성정체성의 혼란을 야기한다'는 주장이 포함되었다. 인권조례가 존재함에도 제대로 존중받지 못했던 학생들의 인권은 다시 통제의 대상이 되었다. 믿기 어려운 수준의 퇴행이다.

학교 현장과 교사들 자체의 문제도 뿌리 깊다. 유엔 교육과학문화기구에서는 무엇보다 젠더 규범이 개인의 성적 건강, 실천, 의식에 불평등한 영향을 미친다는 점을 고려하여 성교육은 젠더 및 성평등 교육의 관점에서 통합적으로 다뤄야 함을 강조하고 있다.❖ 그런데 한국의

❖   UNESCO, 2018.

제도권 성교육은 인권 관점에서 포괄적으로 이루어지지 않고 있으며 오히려 불평등한 젠더 규범을 재생산하는 구조다. 하물며 성과 관련한 차별과 혐오의 주된 행위자가 (sexuality) 교사라는 조사도 있다.[•] 성기 중심·폭력 예방 중심의 성교육 등, 성 차이에 대한 가부장적 이해를 그대로 강요하는 교사가 많고 동료 교사의 성범죄나 성차별에 침묵하고 동조함으로써 학교의 주류 문화를 오염시킨다. 제도권 페미니스트 교사들이 '교사 대상 교육'의 필요를 촉구하는 이유다.

한국의 교육 현장은 위험한 상태다. 이에 지속적으로 균열을 낼 청소년들의 목소리를 키워야 한다. 학교는 10대들이 다양한 목소리를 내는 주체로 성장하는 공간이어야 한다. 근대 여성운동 역사를 통틀어 여성 집단에 대한 남성 중심 구조의 억압은 늘 존재했다. 페미니즘과 여성운동은 확대되는데 왜 학교의 억압 구조는 강화되는가 하는 결과론적 회의에 빠지면 안 된다. 어찌 보면 이는 여성들의 사회적 성장을 함의한다. 성장에 따른 저항도 그만큼 큰 것이다. 현실이 이토록 기이하기에 나는 더욱 증명해야만 했다. 학교에서 꿋꿋이 성평등 교육을 하며 페미니즘을 이야기하고, 그것이 공동체 전체에 어떠한

•   국가인권위원회, 2014.

변화를 가져오는지를 말이다. 정부의 지침을 받지 않아도
되는 대안교육 현장은 지금의 한국 현실에 유의미한 사례가
될 수 있다.

페미니스트 페다고지

교육이 궁극적으로 행복한 개별 시민으로의 성장을 목표로
하려면, 통제를 기반으로 하는 현재의 교육 구조 전반이
바뀌어야 한다. 통제하는 대신 학생의 권리를 존중하는
교육 방법론으로써, 동백작은학교는 페미니스트
페다고지를 채택한다. 교육학자 파울루 프레이리의
『페다고지』˙˙를 참조하는 이 개념은 페미니즘을 교실
상황으로 전환시킨, 페미니즘 이론 기반 교육 실천이다.
페미니스트 페다고지는 학교라는 구조 전반에서 나타나는
성차별적 구조의 원인이 무엇인지 인지하고, 배제되었던
여성 학습자를 교육의 중심으로 위치시키기 위한 교육 과정
전반의 실천 이론이다. 성차별 구조를 끊임없이 재생산하는
기존 학교 현장의 철학, 가치, 목적, 방법, 내용 전반을

˙˙   파울루 프레이리는 기존 교육이 불평등을 숨기고 지배자의 이데올로기를
     위한 도구가 되는 현실에 대응하여, 피억압자들이 비판적 인식을 키울 수
     있도록 하는 교육운동을 펴 세계적 반향을 일으켰다.

재정의함으로써 교육적 해결책을 모색한다.

　　　동백작은학교는 페미니스트 페다고지를 기반으로
모든 교육 과정을 운영한다. 학생들은 교실 안에서 젠더
억압을 이해하고 비판적인 사고를 함양하며, 구조적으로
나타나는 부당한 억압과 차별을 종식하는 행동을 모색한다.
남성을 중심으로 한 기존의 교육적 접근에서 벗어나 여성
학습자의 역량 고취를 고려한 활동들을 통해 공동체에
평등을 자리 잡게 하고 삶의 실천을 바꾼다. 페미니스트
페다고지가 어떻게 문화를 바꾸고 구성원의 삶으로
연결되는지가 이 책의 곳곳에 나타나 있다. 동백작은학교는
페미니스트 페다고지가 얼마나 유용한 도구인가를 다양한
실험과 경험으로 증명하는 중이다.

　　　나 또한 남성 중심 사회에서 당연한 듯 길들여진
부분이 많기에, 여성을 교육의 중요한 주체로 바라보는
관점을 놓치지 않으려 노력한다. 사회 환경에 의해
무심결에 재생산될 수 있는 성차별에 깨어 있기 위해 계속
주의를 기울인다. 이러한 관점을 유지하면서 남성들을
통합하는 방향으로 교육 과정을 만들어가고 있다. 이
과정에서 남교사와 남학생들은 지금까지 여성이 억압받고
남성이 지배해온 사회에서 일어나는 차별과 폭력의 구조를

성찰하고, 나아가 각자의 실천 과제를 실행한다. 그리고 그들은 이 실천이 자신들에게도 더 나은 삶을 제공하고 있다는 점을 중요하게 언급한다.

엄혜진은 페미니즘이 "지식의 역사적 구성 방식과 사회적 역할에 대해 성찰할 수 있는 이론적 개념을 제안해온 학문"이며, "페미니스트 페다고지야말로 반지성주의적 태도가 외면하고 있는 행동과 실천의 지적 작용을 강조해온 철학이자 방법론"이라고 말한다.[*] 무수히 일어나는 성차별적 폭력과 여성혐오를 우리 자신이 얼마나 외면해왔는가를 돌아보면 가슴을 치게 된다. 여성의 삶 자체가 너무도 다양한 방식으로 배제되어왔고, 배제되고 있다. 때문에 수많은 여성이 기나긴 역사로부터 지금까지 연대했고 그동안 이 사회에서 수용되지 못했던 경험과 감정들을 나누며 억압의 종식을 위해 투쟁했다.

독일이 주요 교육 목표를 정치 교육, 성평등 교육, 환경 교육으로 설정했다는 글을 보았다. 성평등은 언제나 뒷순위로 밀려나고 마는 한국 현실과 대비된다. 한편 독일의 교육 목표를 보며 반가웠던 지점은 동백의 교육 과정이 그와 동일하다는 것이었다. '미래 교육'이라는 말이 거창하게 이곳저곳에서 떠돌아다니고 있지만, 속을 들여다

• 엄혜진, 2019.

보면 대체 어디가 미래인가 싶을 정도로 말만 번잡하고 반드시 바뀌어야 할 구조적 차별은 여전히 남아 있다. 동백은 비록 스무 명 남짓한 청소년이 모인 작은 학교지만, 이 작은 학교가 한없이 불평등한 사회에 자극이 되고 조금씩 균열을 일으키길 바란다.

교육에도 유행이 있다. 그러한 유행에 편승하지 않고, 당연한 것에 질문을 던지고, 전환하고, 실험하고, 실천하며 10대의 청소년들과 살아가고 있다.

페미니즘은 성평등을 역사적·현재적 차별 구조에 대한 근본적인 성찰을 통해 개인은 물론 사회의 변화를 도모하는 인식이자 실천으로 바라보면서 성평등 교육의 필요를 제기한 사상이자 이론이기도 하다.* 페미니스트 페다고지가 많은 교육기관에 도입되길 바란다.

* Manicom, 1992.

교차적 위계 안의 청소년들

"동백에서 지내다 보면 지나간 일들이 떠오르면서
'차별이었구나' 생각할 때가 많아요."

22학년도에 중3 과정으로 동백에 편입한 우주의
말이다. 사회와 마찬가지로 학교 안에는 잘못된 것이라
미처 다 인식하기도 어려울 만큼 많은 차별이 작동하고
있다. 동백작은학교 학생들은 페미니즘 수업을 통해 각자가
지금까지 겪어온 차별을 자주 토로한다. 자신들에게도 그간
구조적 차별이 내재화되었음을 살피고, 기존 학교에서
경험한 문제를 이야기한다. 더구나 여성 청소년들은
여성으로서 그리고 청소년으로서 복합적 차별을 겪는다.
'학생다움'이라는 고정관념, 특히 그 안에서
'여학생다움'이라는 고정관념이 강력하게 작동한다. 이
구조로 인해 여성 청소년들이 표현할 수 있는 언어는
제한된다. 때문에 청소년 페미니즘 운동은 이들에게
주목하며, 학교 안에서 성적, 성 지향, 성별, 사회 계층, 장애
등의 문제가 서로 교차하는 중층적·복합적인 차별 구조를
비판적으로 읽어낼 수 있는 렌즈가 된다.**
intersectionality
교차성 개념은 성차별과 인종차별을 중층적으로

** 남미자, 2018.

겪는 흑인 여성의 경험을 설명하기 위해 창안되었다. 흔히 킴벌리 크렌쇼의 논문에서 비롯한 것으로 여겨지는데 『교차성×페미니즘』(2018)에서 한우리는 페미니즘 역사에서 살펴보면 젠더, 인종, 계급 등을 복합적으로 고려하는 교차적 사고는 아주 오래전부터 있었다고 지적한다. 여성이자 청소년으로서의 억압적 지위를 동시에 가지고 있는 여성 청소년 역시 고려 대상이다. 교차적 사고는 인종과 성별뿐만 아니라 계층, 장애, 연령, 성정체성 등 다양한 억압적 요소의 중첩으로 발생하는 여성 간 차이를 드러낸다.[•]

> 늘 1반부터 6반까지는 남학생 반이고 뒤 반은 여학생 반이었어요. 그땐 너무 당연한 거여서 이게 성차별인지조차 못 느꼈던 것 같아요. 합반이었던 초등학교 때는 남학생이 1번부터 시작하고, 그 반이 몇 명이든 여학생은 50번부터 시작했어요. 몇 번인지에 따라 남학생인지 여학생인지를 아는 거죠. 남학생은 항상 앞, 여학생은 항상 뒤. 이게 너무 당연해서 아무도 말하는 사람이 없었어요. 차라리 말로 하는 차별이면 지적할 수 있을 텐데 이런 건

•   이수민·김경식, 2021.

남자아이들은 어릴 때부터 당연한 듯 여자아이들의 앞에
배치된다. 상민 역시 "남자애들부터 1번으로 시작하고 급식
먹을 때도 여자아이들이 뒤쪽 순서"였다고 이야기했다.
"선생님들은 공평하게 해준다고 말하지만" 경험한 현실은
그렇지 않았다. 그때도 느끼고 있었고 먹고 싶은 걸 결국
못 먹을 때 '억울하다'고도 생각했지만 너무 자연화되어
있는 순서였기에 말하지 않았을 뿐이다. 동백작은학교의
여학생들은 공교육 안에 "성차별에 대해 말하지 못하는
구조가 분명히 존재한다"고 말했다.

초등학교 때부터 남자애들은 성적인 농담을 많이
하는 편이에요. 되게 기분 나쁘거든요. 근데 모른
척한다든가 웃고 넘겨야 하는 일이 많아요. 우리
학교 같았으면 심각하게 회의하고 난리 날 일이
제도권 학교에서는 초등학교 때부터 아무것도 아닌
일이 되어버려요. 한 남학생이 제 외모를 가지고
계속 놀렸거든요. 거의 일 년 가까이 놀렸어요.
한번은 '돼지같이 생겼다. 여자가 뭐 그렇게 살쪘냐?'

해서 제가 참다 참다 맞받아쳤거든요. 그래서
선생님에게 불려 갔는데 선생님이 저에게 화를
냈어요. "원래 남자애들 그렇게 장난치고 하는
거 모르냐? 왜 그걸 이해 못 해주냐?"라고 하셔서서
오히려 제가 사과했던 기억이 있어요. 희수

억압적 위치의 청소년 개인이 의사를 표현해도, 이를 문제
삼지 않는 교사들의 권력과 집단의 분위기로 인해 다시금
억압되는 구조다. 이 사례에서 희수는 여성에 대한 사회적
차별을 지적했을 때 나이 위계에 의한 차별을 다시 겪었다.
이러한 억압 구조는 사회적 권력에 기반한다.

동백작은학교 학생들은 경험했던 제도권 학교
공간에서 또래의 친구들에게 들은 말들보다 선생님들에게
들었던 차별적인 말들에 더 많은 불편함을 드러냈다.
보이지 않는 권력을 느꼈고, 때문에 소수자 정체성을
감춰야 한다는 압박을 받으면서 자신 역시 성별 고정관념을
강화하게 되었던 경험을 말하기도 했다. 구조적으로 중층적
억압을 받는 청소년들이 이렇듯 경험한 차별을 직접
문제시하고 나누는 시간은 집단의 젠더 감수성을 강화하며,
청소년이 사회 구성원으로서 누려야 할 권리를 고찰할 수

있게 한다.

청소년들은 초등학교부터 아니 그 이전부터 스스로 생각하고 존재한다. 현장에서 경험한바 교사들이 이들을 미성숙한, 보호해야 할 존재로만 인식한다면 학생들은 자신들의 욕구를 표현하지 못한 채 누군가에게 '잘' 보이기 위한 삶을 살아가며 자신의 생각과 고유함을 찾지 못한다. 동백작은학교에서 교사는 주로 길잡이 역할이다. 어떤 사안에든, 의견을 펼 수 있는 자리를 주었을 때 청소년들 사이에서 오가는 발상에는 기성세대가 생각해내지 못하는 기발함과 독특함이 존재한다. 이는 내가 교사를 20년 넘게 하고 있는 이유 중 하나이기도 하다. 나는 청소년의 창의성을 발견할 때면 몇 날 며칠을 감탄하며 기뻐한다. 학교는 그들의 고유한 목소리를 지원하고 이것이 이어질 수 있도록 다양한 자원을 마련해주어야 한다. 안전한 학교를 만들고 그들의 곁에 그저 존재하다가 가끔 "뭐 더 필요한 거 있어?" 묻는 것이 동백 교사들의 일상이다. 농담처럼 "우리가 무슨 지들 매니저야?" 하며 웃는 교사들의 마음은 무척 흡족하다.

한국의 공교육 현실에서 10대들은 비청소년(성인)보다 열등한 존재로, 말할 수 없는 서발턴●으로 존재한다. 모든 사회 구성원은 어떤 부분에서는 특권적 위치를 점한 동시에 어떤 부분에서는 억압받는 위치에 있을 수 있다. 누구나 서발턴이 될 수 있고, 권력의 구조가 존재하는 한 끊임없이 또 다른 권력 구조가 생겨나 특권과 억압이 작용한다. 하지만 대개의 10대는 특권 위치에 있어보지 못한 채 억압의 대상이 된다. 때로는 예측 불가능한 방식으로 기존 질서를 파괴할 수 있는 타자로 혐오받고 동시에 순수나 희망의 상징으로 숭배된다.●● 비청소년과 동등한 위치에서 말할 수 없는 존재로 대상화되는 것이다.

벨 훅스가 말했듯 약한 자가 쥘 수 있는 가장 중요한 권력 가운데 하나는 자신에 관한 정의를 권력자가 강요하는 대로 받아들이기를 거부하는 것이다.●● 기성 권력에 대상화되기를 거부하고 목소리를 내는 청소년 페미니스트들은 기존의 페미니즘 또는 인권 담론으로는 자신의 경험이 설명되지 않는다고 느끼는 날카로운 감각을 보여준다. 복잡한 권력의 지형 속에서 비청소년 여성과 다른 위치에 놓여 있어서, 차별과 억압의 경험이 다르다.●● 학교는 청소년 주체들의 이야기 속에서 그들의 욕구를 충분히 반영한 담론을 만들어야 한다. '정상성'이라는

●   제국주의 지배 계급에 의해 배제와 차별 대상이 되는 하위 주체. 안토니오 그람시가 창안하고, 가야트리 스피박의 글 "서발턴은 말할 수 있는가?"로 잘 알려졌다. 힘을 박탈당한 사회 집단(서발턴)의 목소리는 지배적 정치 체계 안에서 다른 사람에게 들리거나 인식되지 못한다는 의미다.

모호한 범주에 넣어 통제하기보다 청소년들이 스스로
충분히 정체성을 탐색할 수 있는 기회를 주어야 한다.
학교라는 공간이 누군가를 배제하는 정치학을 만들어가지
않도록 다양한 젠더, 성차별, 불평등한 권력 문제를
이해하도록 교육해야 한다. 평등과 더불어 차이를 알게
하여, 공통의 차이들에서 변화의 가능성을 열어가는
교차성의 정치학이 필요하다.

∷ 쥬리, 2016.
∴ 벨 훅스, 2010, 151.
∷ 남미자, 2019.

6장 학교에서 반드시 페미니즘을 가르쳐라

왜 학교 페미니즘인가

새로운 청년 세대는 과거보다 평등해 보이지만, 더 교묘하고 노골화된 차별과 폭력, 불평등의 경험을 이해받기 어려운 상황에 놓여 있다. 이들이 태어나 성장한 한국 사회는 공존의 가치와 상상력이 체계적으로 파괴되기 시작한 상태였다.[*] 동백작은학교의 젠더 평등 선언식에서 자신의 경험을 털어놓던 주아는 울음을 터트렸다.

> 제가 지금은 머리를 기르고 있지만, 이전 학교에서 완전 숏컷이었거든요. '탈코르셋'[**] 같은 거창한 의미는 분명 아니었고 그냥 숏컷이 마음이 편해서 했어요. 근데 진짜 웃긴 게 숏컷을 하니까 유명 인사가 되는 거예요. '너 페미냐?'라는 말을 정말 많이 들었어요. 다들 하나같이 페미 페미 하면서, 페미라는 말 뜻도 모르는 애들이 그냥 욕처럼 쓰고 (…) 페미라는 말을 들으면 누구나 기분 나빠했어요. 의도치 않은 소문도 나고 정말 힘들었어요. 주아

[*] 엄혜진, 2016.
[**] 허리를 극한까지 졸라매는 '코르셋'을 벗어던진다는 의미로, 사회가 여성들에게 강요하는 꾸밈노동을 거부하는 동시대의 페미니스트 사회운동. 대표적 실천은 화장과 극한의 다이어트 그만두기, 머리카락 짧게 자르기 등이다.

외모에 관련된 여성혐오 발언은 여성 청소년들에게 거의 일상이다. 그런데 이전에는 하나하나 뭐라고 하기 애매해서 넘어가던 주아가 숏컷을 했을 때 겪은 반응들은 지금까지 어디 털어놓지도 못했을 만큼 상처로 남았다. 머리를 짧게 하자 남자인 줄 알고 번호를 물어보는 여학생도 있었는데, 주아를 아는 모든 집단에서는 '숏컷 여학생'으로 단숨에 부정적 유명 인사가 되었다.

2023년 11월, 편의점에서 일하던 여성이 머리카락 길이가 짧다는 이유로 20대 남성에게 폭행을 당했다. 남성은 "여자가 머리 짧은 걸 보니 페미니스트"라면서 "나는 남성연대인데 페미니스트는 좀 맞아야 한다"라고 발언하며 청력을 영구 상실할 정도의 폭행을 자행했다. 이 사건은 2024년 10월, 여성혐오를 범행 동기로 인정하는 국내 첫 판결을 끌어냈다. 이 끔찍한 사건과 주아의 경험은 멀리 있지 않다. 어쩌면 편의점 여성혐오 폭행은 무수히 일어나는 폭력이 크게 드러난 사건일 뿐이다. 여성 청소년들이 경험하는 일상 폭력과 여성혐오를 학교가 모른 척한 결과이기도 하다. 페미니스트 교사 개개인의 고군분투에 맡길 일이 아니다.

강남역 살인 사건 이후에도 끊임없이 여성혐오

범죄가 일어나고 있다. 폭행뿐 아니라 사상 검증과 일상의
시비까지, 페미니스트라는 '혐의'만으로 여성들은 생활을
위협받는다. 그러나 끊이지 않는 여성 대상 폭력 사건을
사회가 심각하게 다루기는커녕 오히려 가해 남성을
치켜올리며 '페미'를 무지성 혐오하는 분위기를 방치,
조장한다. 이런 사회에서 10대들은 무엇이 옳은지 그른지
분별하기 어려우며 남성 청소년들은 여성혐오에 적극
선동된다.

> 학교에서 페미니즘에 대해 배운 적이 없어요. 그런데
> 유튜브나 다른 기사나, 페미니즘에 대한 혐오 글이
> 되게 많거든요. 여성 우월주의, 남성 하대주의
> 같은 걸로만 비춰졌고, '메갈'이라는 사이트에서도
> 뭔가 남성을 좀 이상하게 바라보는 그런 시선들이
> 있었어요. 페미니즘에 대해 하나도 몰랐다 보니 저런
> 게 페미니즘이라는 생각을 하게 된 거예요. 유튜브에
> 신남성연대라는 단체가 있는데 거기서 '페미니즘은
> 정신병이다'라는 말을 해요. 그걸 지지하는 사람이
> 굉장히 많다 보니까 페미니즘이 나쁜 거라는 인식이
> 생길 수밖에 없었던 것 같아요. 하준

하준은 동백작은학교에 고1 과정으로 편입하기까지, 신남성연대와 같은 반동적 혐오 집단의 언어를 참조해왔다. 페미니스트인 어른을 만나도 "좋은 사람이지만, 남성을 혐오하는 집단"이라 생각했다고 한다. 이 부분에 대해 면접할 때 좀더 깊이 있게 이야기했더라면 어쩌면 하준이는 동백 공동체와 함께하지 못했을 것이다. 신뢰할 수 있는 대안학교의 졸업생이 페미니즘에 그만큼 오염된 감각을 갖고 있으리라고는 생각지 못했다. 아니나 다를까, 하준이의 입학으로 한동안 동백 공동체의 조화가 흔들렸다. 남학생들과는 쉽게 말을 트고 스스럼없이 잘 지내는 반면 여학생들에게는 나이가 적든 많든 존대하며 거리를 두고 뒤에선 페미들 같다고 험담을 했다. 여파로 여학생과 남학생 사이에 보이지 않는 대립과 심리적 불안감이 형성되었다. 한 번도 일어나지 않았던 학내 성희롱 가해가 일어나 학교에서 긴 시간 심각한 문제로 이어지기도 했다.

조화를 회복해갈 수 있었던 건 교육의 힘이었다. 앞서 보였듯, 동백작은학교에서는 섹슈얼리티, 젠더, 가치, 문화 등 다양한 관점에서 포괄적인 성교육을 하고 페미니즘의 역사와 구조적 성차별을 배운다. 또 페미니즘 가치를 기반으로 서로를 배려하는 언어 습관을 익히도록

하며 성차별 문제를 항상 진지하게 안건화하고 해결에
힘쓴다. 필수 교육 과정이기 때문에 모두가 계속 페미니즘
수업을 들을 수밖에 없었고 성평등을 접해가며 하준은
스스로의 혼란을 넘어서기 시작했다. 누구나 쉽게 손만
뻗으면 페미니즘 책을 볼 수 있는 동백 공동체에서, 하준
역시 '굳이' 손대지 않았던 생소한 지식들을 읽기 시작했다.
그동안 인식해왔던 부정적 페미니즘에 대해 고민하고
사유하는 시간이 다른 이들에 비해 깊었을 것이다.

그 과정에서 이미 성평등 가치를 익히고 실천
중이던 다른 학생들이 상처받거나 흔들리지 않도록 긴장과
관찰을 놓지 않았다. 교사에게도 대단히 피로한 일이지만
이 과정이 하준이에게 중요한 변화를 주리라는 믿음이
있었다. 또한 그러한 한 사람의 변화를 통해 다른 학생들도
함께 만들어가는 희망의 과정을 경험할 수 있다. 예상된
가치 혼란 상황에서 동백의 학생들은 단단함을 보여주었다.
직접 말하고 생각하며 함께 쌓아 올린 가치관은 결코 쉽게
무너지지 않는다. 졸업을 한 뒤에도 동백에서의 경험은
이들의 삶을 통해 지속될 것이다.

유튜브나 혐오 집단에 의한 오염은 상상 그 이상으로
광범위하고 또 뿌리 깊게 퍼져 있다. 양육자가 성평등

실현에 적극적인 분들이라도 미디어 노출이나 주변 집단에 의해 자식들은 그렇지 못한 경우도 많다. 그렇다 해도 포기하거나 멈추지 말아야 한다. 스스로 벗어날 수 있도록 관심과 애정을 놓지 않고, 혐오 집단들이 던져주었던 것보다 더 많은 정보와 매체들을 소개해주어야 한다. 속이 부글부글 끓어도 참을 인을 수백 개 써가며 '그럼에도 내가 너에게 관심과 애정이 많다'는 사실을 끊임없이 보여주어야 한다. 한 사람이 변화해가는 데 특별한 전략이 있을까 싶지만, 놓지 않는 사랑이 나의 주된 전략인 셈이다.

> 동백 들어와서 젠더 감수성에 대해 배우고, 이걸 함께 배운 친구들을 접하니까 바라보는 시선이 바뀌게 되고, 되게 신기한 기분이었어요. 처음에 페미니즘 교육을 너무 중요하게 하니까 저에게 맞지 않는 학교인가 고민도 했지만 제 의견도 잘 반영되고, 토론하다 보니 페미니즘은 나쁜 게 아니구나 알게 됐어요. 하준

지금은 여학생들과 더 많은 얘기를 나누게 된 하준이 던지는 질문은 결국 이것이다. "(이전) 학교는 왜 페미니즘을

가르쳐주지 않았을까요?"

　　하준은 학생들이 다른 매체들을 통해 무분별하게
페미니즘을 접하고 여성혐오를 학습하기 전에 반드시
학교라는 공간에서 안전하게 페미니즘을 배워야 한다고
말한다. 이제 그는 여학생들과 페미니즘에 관해 깊은
토론을 하며 스스로 자료를 더 찾아보고 교사들에게
질문하기도 한다. 1년 이상 그런 실천을 하고 있지만 그동안
적대시했던 여학생들과 지금처럼 편해진 데는 스스로도
놀란다. 무엇보다 이 성 불평등 사회를 사는 남성으로서 할
수 있는 실천을 적극적으로 고민하는 중이다.

　　동백작은학교 학생들의 이야기를 듣고 있으면,
청소년들은 이미 감각적으로 성평등한 주체로서 저만큼
나아가고 있다. 오히려 기성세대 교사 집단이 여기에
발맞추어 가지 못하며, 대다수의 학교가 가부장제 재생산의
산실로 기능한다. 그러므로 여전히 동백은, 부단히 노력
중이다.

남성 청년들의 '억울함'

학교가 성별 위계를 재생산하고 소수자 차별을 정당화할 때, 평등의 의미는 적극적으로 왜곡된다. 현재 젊은 남성들이 널리 믿고 있는 '역차별' 담론은 이런 왜곡과 교육 부재의 결과다. 한국의 젊은 남성들은 기성세대 남성과 달리 자신들은 권력을 누린 적이 없으므로 억울하다는 심리를 바탕으로, 실제 남성이 이득을 누리던 부분은 사라지고 손해만 남아˙이제 오히려 남성이 차별받는다고 믿는다. 불평등한 젠더 권력에 관해 제대로 배우지 못한 채 단편적인 이중 잣대로 증폭된 이 믿음에는 교육의 책임이 있다.

교육 부재는 물론 교육의 내용도 문제다. 가령 공교육 중등 과정에서 성폭력을 다룰 때 여성과 남성의 생물학적 차이를 강조하며 남성의 성 충동을 정당화하는 관점을 끌어온다. 성별 이분법에 근거해 남성의 성 충동을 자연화하는 한편 성차별적 사회 구조와 위계를 가르치지 않는 것이다. 그러다 보니 남성 청소년들은 사회의 성범죄와 여성 대상 폭력에 무감각해지고 '잠재적 범죄자 취급'에 분노하며 억울함을 토로한다.

학교야말로 가장 젠더화된 공간이며, 학교의 제도와

* 『중앙일보』 "20대 남성도 약자…성차별 덕 본건 페미니즘 찾는 4050", 2019.04.08.

문화는 여성(성)과 남성(성)에 대한 이분법적 태도와 실천에 기반해 있다. 또한 지시적·암시적으로 젠더 규범에 순응하도록 지도함으로써 이를 재생산하는 구조다.[*] 그 결과가 갈수록 심해지는 학교 안 여성혐오와 디지털 성범죄, 교내 성폭력 사건들이다. 학교 페미니즘은 반드시 필요하다. 하준이의 사례를 통해서도 분명히 알 수 있다. 청소년들이 학교에서 '남자다워' 보이기 위해 혐오 발언을 익히고 '여자다워' 보이기 위해 꾸밈노동과 침묵을 익혀서는 안 된다. 젠더화된 규범을 벗어나 인간 자체에 대한 존중과 배려, 나다움을 안전하게 드러내고 평등하게 존재할 힘을 기르는 것이 페미니즘 교육이다.

청소년기에 남성들이 여성에 대한 비틀린 분노와 억울함을 쌓는 대신 구조화된 차별과 존중을 배우도록 하려면 섹슈얼리티, 젠더, 폭력 예방 교육을 넘나들며 가르쳐야 한다. 그러나 지금 학교는 체계화된 성평등 교육 과정이 없을뿐더러 '양성평등 교육' '성교육' '폭력 예방 교육'이 형식적으로 반복될 뿐이다. 양육자1은 공교육 환경의 혐오로부터 딸을 보호하기 위해 동백작은학교를 찾았다.

-     Connell, 1996; Martin, 1998.

동백작은학교를 선택하게 된 주요한 이유 하나가
페미니즘 과정이 필수 과목으로 있다는 겁니다.
교사인 친구들이나 이미 아이를 학교에 보낸
사람들의 이야기를 들어보면, 현 제도 안에서
성평등을 교육하기에 어려움이 분명히 있어요. 학교
현장에서 반복되는 여성에 대한 차별적인 시선을
공교육 안에서 풀어가기가 굉장히 힘들다는 얘기를
많이 접했고 실제로 가장 중요하고 감성 있는 시기에
학교에서 균형 있게 풀어주지 못하면 살아가는 데
많은 어려움을 겪을 수도 있다 생각해요. 그래서
아이가 대안학교를 선택하게 됐을 때 가능하면 학교
안에서 풍부하게 토론하고 이야기를 나눌 기회가
많이 주어지는 곳이었으면 좋겠다고 생각했어요.
동백이 갖고 있는 가치나 지향에 페미니즘이 포함돼
있는 게 굉장히 반가웠습니다. 양육자1

양육자1은 아이 교육에서 양육자가 할 수 있는 지원에
한계를 느끼면서도 가장 중요한 시기에 "학교 현장의
여성 차별"을 겪게 해서는 안 된다고 판단했다. 그는 딸이
안전한 환경에서 다양한 관계를 맺고 배우기를 바라며

동백작은학교를 선택했다. 동백의 페미니즘 지향이
"반가웠다"는 양육자1처럼, 학교가 젠더 감수성과 인권
의식을 제대로 가르쳐주기를 원하는 양육자는 많다.
그리고 교단에서 페미니즘을 언급하는 것조차 터부시되는
환경에서도 다양한 신념 아래 교육을 시도하는 페미니스트
교사들이 있다. 문제는 이들이 보호받지 못하고, 성평등
교육 경험을 공유하거나 교류할 수 없는 환경이다.• 지금
학교는 무엇을 가르치고, 학생들은 무엇을 배워야 하는가?

고어 자본주의•• 시대의 청소년들

며칠 전 한 학생에게 전화가 왔다. '페미니스트 여교사'라고
올라온 틱톡을 보다가 분노해 내게 신고(!)한 것이다.
영상은 제도권 학교 교사가 수업에서 탄핵소추를 설명하자
남학생이 "소추? 샘도 페미예요?" 하는 내용이었다고
한다. 전화한 학생, 주아는 "페미니스트가 뭔지 알고 하는
말이냐"고 댓글을 달았고 "계집 계집" 하는 식의 조롱이
돌아왔다. 주아는 굴하지 않았다.

•   이예슬, 2020.
••   사야크 발렌시아가 제안한 개념. 피와 신체 훼손으로 공포감을 주는
        영화 장르 '고어'를 붙여, 신체 파괴와 폭력을 상품화하는 구조를 고어
        자본주의라 명명했다.

그래서 제가 '페미니즘은 네가 아는 이상한 게
아니고 모든 젠더가 함께 평등하게 살아가기 위한
거야. 잘 알지도 못하면서 물고 뜯고 할 게 아니라
우리가 힘을 합쳐 불평등을 해결해야 하는 거
아냐?'라고 보냈어요.

주아에게 '멋지다!'라고 진심을 담아 말해주었다. 그 뒤로
조롱 답글은 더 달리지 않았다고 한다. "할 말이 없었나
보죠." 화가 나서 전화한 것 같았지만 주아는 "사실
이런 건 별거 아니"라고 말했다. 더 심한 혐오 발언과
조롱이 온라인에 지나치게 많다. 하지만 흔하다고 해서
익숙해지지는 않는다. 모두가 너무 쉽게 접하는 공간에
그런 글들이 넘쳐난다는 사실을 그냥 넘기기 힘들다.

저도 배우기 전에는 잘 몰랐지만 다른 친구들은
모르는 게 쌓이고 쌓이다 보니까 이게 보편적인가
보다 하고 덩달아 욕하고 그러는 건데, 모두가
페미니즘이 뭔지나 정확히 알았으면 좋겠어요. 제
친구들에게 페미니즘을 설명해줬더니 정말 너무
쉽게 이해하고 생각들이 바뀌었어요. 사실 어려운

일도 아니에요. 많은 학교에서 뻔히 이런 줄 알면서
모른 척하지 말고 교육을 하면 조금씩은 알게
되지 않을까 생각해요. 어른들이 적어도 우리끼리
혐오하고 싸우게 두지는 않았으면 좋겠어요. 주아

"뻔히 이런 줄 알면서" 사회가 모른 척하고 있다는 것을
학생들도 정확히 안다! 숱한 사이버 매체에서 쏟아지는
혐오 그 이상의 발언들은 명백히 폭력적이고 종종 실질적
피해자와 의도적 타깃이 있음에도 사실상 방치 상태다.
동시대 한국의 온라인 공간에서 일어나는 폭력은, 손희정
교수의 표현을 빌리면 "이제 온라인 유희 수준을 넘어
신체와 인간 존엄 훼손을 상품으로 하는 폭력 산업으로
확장"됐다.• 조롱과 여성혐오가 남성들의 놀이문화를 넘어
폭력을 전시하고 상품화해 돈을 버는 지경에 이른 것이다.
최근 알려진 대규모 딥페이크 성범죄, 지인 불법 촬영 및
유포 범죄가 이런 '디지털 고어 자본주의' 시대를 잘
보여준다.

　　2024년 8월, 지역별·학교별·직군별로 세분화해
성착취 합성물을 제작·유포하는 범죄가 온라인상에서
광범위하게 벌어지고 있는 것이 확인됐다. 전국 주요

•　　『여성신문』 "고어 남성성, 폭력을 자원화하고 상품화한다", 2024.06.19.

대학뿐 아니라 중·고등학교에서도 여성 가족, 학생,
동료, 지인을 불법 촬영해 촬영물을 공유하고 성착취
합성물을 만들었다. 공유방에 참여한 인원이 수십만에까지
이르렀고 유포는 체계적이었으며 집단적 희롱 등 언어
수위 또한 끔찍했다. 여성 지인들의 성착취물로 돈을 벌고,
이모티콘으로 제작해 '재미'로 쓰며 조롱했다.

　　'#n번방은_판결을_먹고_자랐다'라는 해시태그가
말해주듯 한국은 안일한 수사와 선처를 반복하며
유례없는 디지털 성범죄국이 되었다. 여성혐오와 성착취
범죄가 이토록 일상적 콘텐츠가 되었음에도 '별것 아닌'
일로 여기는 가벼움이 성범죄를 계속 키우고 있다. 여성
청소년들은 더욱 암담할 수밖에 없다. 딥페이크 범죄가
일어난 모 학교에서 여학생들만 따로 모아 '각별히
주의하라'는 말만 전하고 그때 남학생들은 운동장에서
축구를 했다는 기사를 보았다. 범죄의 원인을 피해자에게
돌려 피해자를 숨게 만드는 짓을 학교가 하고 있다. 실질적
위협을 겪는 여학생들을 보호하고 범죄 해결에 나서는 대신
학교가 '더 두려워하라'는 메시지를 주는 현실이다.

　　여성 대상 폭력이 사회 현상이 되었음을 수많은
사례와 현실 지표가 보여주고 있음에도 이를 '젠더

갈등'이라 칭하고 페미니즘에 대한 혐오를 부추기는 사회에서 학생들은 자란다. 10대 때부터 이어지는 남성 동성 집단의 침묵과 공조는 남성들을 괴물로 만들고 있다. 여성들이 디지털 고어 자본주의의 명백한 피해자가 되어가는 가운데, 많은 이가 분노하면서도 할 말을 잃는다. 이런 현실에서 "페미니즘은 네가 아는 이상한 게 아니고 모든 젠더가 함께 평등하게 살아가기 위한 거야"라고 댓글을 남겼다는 주아의 이야기는 그래서 더욱 마음에 남았다. 암담해하고 때로 분노하면서도, 여성 청소년들이 스스로에 대한 자신감으로 부당함에 맞설 수 있도록 우리는 가르쳐야 한다. 배워야 한다. 청소년들을 내버려둬서는 안 된다.

자신만의 가장 밝은 빛을 손에 들고

나이가 많은-적은, 늙은-젊은. 이 형용사들과 달리 '어린'에는 반대말이 없다. 나이가 적음을 표현하는 '어리다'라는 말의 어원은 '슬기롭지 못하고 둔하다'는 의미인 '어리석다'라는 말에서 파생되었다.[•] 그 어원처럼 한국 사회에서 어리다는 표현에는 어리석고 미숙한 존재라는 의미가 담겨 있다. 그리고 우리 사회는 어린이들을 보호하고 지원하기보다 미성숙함을 불신하고 통제하려는 풍조가 강하다.

　청소년도 다르지 않다. 청소년들은 '미성숙하다'는 이유로 사회 구성원으로서 존중받지 못하며 통제 대상이 된다. 문제는 보호를 명분 삼은 지금의 교육 구조가 학생들의 주체성을 억압한다는 점이다. 2018년 「OECD 교육 2030」 프로젝트에서 OECD는 주목할 만한 보고서를 발표했다. 새로운 '학생 행위 주체성(student agency)'을 교육 목표로 제시한 것이다. 학생 행위 주체성이란 사회적 맥락 안에서 발현되는 것으로, 학생 자율성(student autonomy)이나 학생 선택(student choice)과 구별된다.[••] 즉, 학생 행위 주체성은 자신이 원하는 바를 주장하거나 혹은 배우고 싶은 과목을 선택하는 수준을 넘어 학생 자신뿐 아니라 사회의 건강을 지향할 수 있으며 이를 위해 시간과 노력을 투자하는 능력을 수반한다.[❖]

　동백작은학교에서 토론과 발표 수업을 통해 학생의 참여를 계속 이끌어내다 보면, 학생 행위 주체성의 이러한 정의를 실감할 일이 많다. 여러 교육기관이 동백작은학교에

- •　홍윤표, 2005.
- ••　OECD, 2019.
- ❖　엄수정 외, 2023.

방문해 학교의 운영 방식이나 학생들의 생활에 대해
질문들을 던진다. 고마운 일이다. 비록 많은 시간을
할애해서 방문객들을 만나야 하지만, 동백이 일구어놓은
교육적 경험들을 더 많은 이와 나눈다는 것은 의미
있는 연결이다. 교육 관계자들은 동백의 시간표를 매우
흥미로워한다. 국영수사과로 짜여 있지 않기 때문이다.
재미있는 이름들로 구성된 동백의 시간표는 학생들의 학습
동기를 유발해낸다.

　　　많은 이가 '무서운 중2'라는 식으로 청소년들을
어려워하기도 하지만 이들은 유쾌하고 재미있는 일들을
즐긴다. 교육자들이 염려하는 학생들의 무기력을
동백에서는 찾아볼 수 없다. 동백의 시간표에는 프로젝트
시간이 많다. 공동의 작업뿐 아니라 온전히 스스로, 자신이
좋아하는 주제를 찾아 한 학기 동안 몰입하고 마지막에
결과물과 함께 자신의 이야기를 공동체에 발표하는 시간이
이어진다. 모두가 다른 공부를 하고 있다.

　　　각자의 장소를 찾아 각자의 흥미에 따라 공부한다.
사회가 과목별 등급에 따라 학생 개개인의 순위를
매길 때 동백에서는 각자의 주제를 탐구하는 동시에
공동체와 나눈다. 동백 학생들은 서로가 협업하고 도움을

주고받으면서 개인의 성장도 이루어진다는 것을 감각으로 알고 있다. 개인 과업을 통해 각자가 담아내는 주제는 다양하다. 동백의 '나다움 프로젝트'(학생들은 당연히 나프라고 부른다)에서는 소설 쓰기, 내 삶을 랩으로 표현하기, 평화를 연주하기, 아름다움에 대한 작사 작곡, 어린이집 교사 되어보기, 창작 줄넘기 댄스, 바다 쓰레기 업사이클링, 1인 창작 뮤지컬, 제주의 아픔을 담아낸 사진전, 사회의 불평등을 고발하는 영상 만들기 등을 한다. 이토록 다양한 주제가 어디서 샘솟을까 싶을 정도로 학생들의 열의와 배움 욕구는 크다. 나에게 페미니즘이란? 기후 위기 시대에 우리는? 스스로 질문하며 자신만의 얘기를 써나간다. 주제가 제각각이기 때문에 누구도 그들의 발표나 성과에 순위를 매길 수 없다. 마무리 발표를 마치면 학생들은 '저 몇 등이에요?'가 아니라 '이제 다음 학기에 뭐 할까?' 한다. 친구들에게 물어보기도, 교사들에게 조언을 구하기도 하며 자신만의 후보를 나열하고 고르느라 여념이 없다. 이 역시 동백에서 내가 꼽는 흥미로운 풍경이다.

이러한 다양성을 획일화해 묶어두는 교육 환경에서 아이들이 과연 온전한 숨을 쉬고 있을까? 이따금 한 교실에 53명이 종일 꾹꾹 들어앉아 있던 나의 학창 시절이 떠올라

숨이 막히곤 한다. 이 시대에 학교가 할 수 있는 가장 큰
역할이 어쩌면 각 개인이 평등하게 자신의 이야기를 나눌
장을 마련해주는 자체가 아닐까 생각한다.

　　개인 발표든 공동 발표든, 발표 날에는 지역
주민들을 초대한다. 동백에서 그간 이루어진 배움의
과정들을 나누는 자리다. 함께 자리한 주민들은 학생들을
축하하고 격려하며, 때로 발표를 통해 그들 역시 배운다.
학생들의 발표에서 양육자들도 배움의 기회를 얻는다.
학생들이 가르침받는 존재가 아닌 가르치는 존재가 된다.
배움은 경계 없이 이루어진다.

　　윤석열 내란 사건 당일 학생들은 바로 바투카다*를
들고 거리로 나섰다. 행진에 앞장서서 민주주의를 외치는
학생들이 둥둥 두드리는 바투카다가 모두의 심장을 울렸다.
그 뒤로 배움은 매일매일 거리에서 이어졌다. 학생들의
자발적 동기였다. 자신들의 목소리로 피켓을 만들었고,
나가지 못하는 날에는 걱정을 쏟아냈다. 민주주의를
만들어가는 주체로서 스스로를 인식하고 있는 것이다. 처음
며칠간은 거리에 청소년들이 보이지 않았다. 일주일 뒤
거리에는 많은 청소년이 함께였고, 제각각 자신이 가지고
나올 수 있는 가장 밝은 빛을 들고 나왔다.

* 　　브라질의 전통 타악기

2024년 동백작은학교 축제는 이렇게 거리에서 배운 내용들로 채웠다. 학생들은 뮤지컬 「시카고」의 한 장면을 응용해 윤석열 탄핵 뮤지컬을 만들어내고, '제주를 지키기'를 주제로 만든 연극을 발표하기도 했다. 동백 학생들은 정치에 관심이 많다. 매주 월요일 아침마다 정치 이슈에 자기 견해를 더해 3분 발표를 하던 가락이 여실하다. 자신들이 살아가야 할 세상에 관심을 쌓고 비판을 연습하는 이 시간들이 사회의 건강으로 이어질 테다.

여자아이들은 영원히 어리지 않다

OECD에서 새삼 학생들의 행위 주체성을 강조하는 것은 예측이 힘들 만큼 급변하는 시대를 사는 청소년들이 그들의 미래를 유연하게 만들어갈 수 있도록 하기 위함일 것이다. 미래뿐일까. 현재도 마찬가지다. 2018년 '스쿨 미투'가 일어났을 때 기성세대가 얼마나 어리둥절했던가. 용화여고 졸업생들의 폭로로 학생 대상 성폭력 가해 교사가 무더기 적발되었고 재학생들은 '위드유' #withyou '어린 여자아이들은 영원히 어리지 않다" 등의 문구로 연대했다. 이후 여학생들은 공론화 주체로서 목소리를 내며 교내 성폭력 근절과 전국적 디지털 성범죄 공론화에 꾸준히 앞장서고 있다. 청소년들이 학교가 가르쳐주지 않는 페미니즘을 스스로 공부하고 경험을 고발하며 권리를 주장하는 것은 학교로서는 회피하고 싶은 일일지 모른다. 하지만 10대들의 외침은 사회에 뿌리박힌 차별을 성찰하게 하는 강한 힘을 지닌다.

교내 성폭력 범죄나 각종 성범죄 피해자 중 여성 청소년 비율을 보면 이들은 교육의 사각지대에서 집중 타깃이 되고 있다. 청소년들을 성적 주체로서 교육하고 그들의 목소리를 북돋워주어야 한다. '행위 주체성'이 그저 허울뿐인 말 잔치에 그치지 않으려면 진정으로 10대들에게 필요한 교육이 무엇인지, 한국 사회는 다시 돌아봐야 한다.

동시대 청소년들은 학교라는 구조가 오히려 성차별을 재생산하는 현실에 질문을 던지기 시작했다. 견고한 한국의 젠더 규범에 균열을 내는 주체로서 자신들의 언어로 목소리를 내고 있다. 동시에 아주 기본적인 평등에 관한 말도 억압받는 현실에 답답해한다. 2023년 동백작은학교에 입학해 페미니즘 교육을 처음 접한 상민과 나우는 학교에서 페미니즘을 배우며 무엇보다 '힘'을 얻었다.

• 　미국 체조계 성폭력 미투 당시 피해를 증언한 카일 스티븐스의 말

예전에 초등학교에서 받았던 성교육은 너무
지루하고 다 아는 내용이고 재미없었거든요. 그런데
페미니즘 교육은 매주 듣는데도 너무 재미있고
기다려지는 거예요. 뭔가 저한테 힘이 생기는
느낌이에요. 또 저는 피자매 수업을 듣고 있잖아요.
제가 피 흘리는 것에 당당해졌어요. 숨길 게, 잘못
한 게 아니잖아요. 그리고 예전에는 뉴스 별로 안
좋아했거든요. 그런데 이제 뉴스를 보면 성차별이
너무 잘 보이고, 화가 나고, 뭐라도 하고 싶은 거예요.
미투에 관해 뒤늦게 알아가면서도 정말 나는 왜
이 시대에 살면서 이런 것도 몰랐지 하는 마음도
들었고, (…) 초등학교 때 친구였던 남자애들 만나면
막 성적인 농담을 하거든요. 그때는 말을 잘 못
했는데 이제 제가 논리적으로 그 아이들한테 따질
수가 있더라고요. 상민

우리 학교는 페미니즘 수업을 일 년 내내 필수로
받잖아요. 그래서 이곳에서는 뭐든 말할 수 있고
편한데 나가면 잘 말을 못하겠더라고요. 그런데
저번에 다른 학교와 교류했을 때 그분들의 말이

불편한 게 너무 많았는데, 주변에 함께 페미니즘을
공부했던 형, 누나들이 있으니까 이야기를 할 용기가
생기더라고요. 진짜 이 수업을 받으니까 배운 걸
스스로 실천할 수 있는 힘이 생긴 것 같아요. 나우

동백에 오기 전 이들은 표현할 방법을 몰랐기에 학교의
눈치를 살펴 불쾌한 경험을 삼켰다. 이제 지식을 얻고,
'불쾌한 걸 불쾌하다고 말해도 된다'는 점에서 학교를 믿게
된 학생들은 힘이 생겼다고 느낀다. 용기를 얻은 학생들은
일상에서 자신을 어떻게 표현하고 살아가야 하는지를
자연스럽게 터득한다. 성에 대해 주체적으로 반응하며,
긍정적 자아상을 바탕으로 자신의 삶을 이끌어간다.
학생들을 건강한 동료 시민으로 교육하고자 한다면 반드시
페미니즘을 가르쳐야 한다고 확신하는 이유다.
        페미니즘 교육은 기존 질서를 답습하지 않고 남성
중심 사회에, 차별에 저항한다. 평등을 각자의 권리이자
사회의 기본 가치로 가르친다. 인권 교육의 하나로서
페미니즘을 교육 과정에 담아냈을 때 공동체 구성원의 인식
변화는 크게 나타나며, 실천으로 이어진다. 동백 학생들은
페미니즘 제1물결부터 제3물결까지, 굴하지 않고 저항해온

여성들의 역사를 눈을 반짝이며 배운다. 백인 중산층부터 성소수자, 흑인, 다양한 주체의 목소리를 조사하고 토론하고 '골든벨'을 한다. 가장 많은 문제를 맞혀 골든벨을 울리기 위해 아주 열성적으로 외운다. 지금 이 거대한 페미니즘 물결의 주체는 이미 청소년들일지도 모른다.

인권 교육으로서의 페미니즘

"개인이 자기 힘으로 자기 목소리를 내기 굉장히 어려운 사회가 되었죠." 동백작은학교에서 함께한 지 1년 정도 된 신입 교사 다솜은 말했다. 그는 동백에 오기 수년 전 제도권 학교에서 기간제 교사로 근무했다. 그는 본인이 가르치는 사회학과 성평등은 반드시 연결되어야 하고 인권 교육의 한 부분으로 가르쳐야 하는데 그것을 교과에 담아내는 데 어려움이 있었을 뿐 아니라, 학생들 또한 자신들의 목소리를 내지 못하는 제도적인 현실이 안타까웠다고 한다.

　　│　제가 가르치는 사회 교과서 안에 쓰인 내용은

민주주의인데 아이들의 일상에서는 민주주의가
빠져 있었어요. 민주주의를 가르치면서 차별이나
성평등 교육은 빼는 식으로 어떤 부분은 취하고 어떤
부분은 취하지 않고, 교육이 조화롭게 안 되니까
정작 아이들에게서 민주적이지 못한 모습들을 자꾸
보게 되더라고요. 다숲

교육기본법에서 정하고 있듯 우리나라의 교육은
민주시민의 자질을 갖추게 한다는 목적을 명시한다. 하지만
다숲은 공교육이 이 역할을 해내지 못하고 있다고 느낀다.
그리고 민주시민으로 교육받지 못한 채 그대로 사회에 나간
구성원들은 다시금 민주적이지 못한 구조를 맞닥뜨리고
또한 재생산한다.

당장 그렇게 고등학교를 졸업하고 대학을 졸업하고
직장에 갔을 때 승진 체계나 급여 체계나, 애초에
취업의 기회조차도 전혀 민주적이지 않아요. 결혼도
그렇고요. 그런데 뭐가 문제인지 모르는 사람이 아주
많아요. (민주시민·성평등 교육이) 안 되고 있는 데는
사회 기득권층의 의도가 있다고 봅니다. 다숲

학교가 "자주적 생활능력과 민주시민으로서 필요한 자질"*을 키워주는 대신 서열 짓기와 경쟁을 학습시키는 데는 권력의 의도가 있다. 다숲의 말처럼 "모두가 다 알고 있어서 당연해야 하는 가치들"이 당연하지 않은 사회 현실은 공교육의 문제로부터 연결되는 현상이다. 때문에 다숲은 동백작은학교에서 페미니즘을 배운 학생들이 보여주는 인권 의식과 사회 인식 그리고 실천이 놀라웠다고 한다.

> 동백 학생들의 일상을 보면서, 페미니즘 교육이 민주주의에 기여하는 바가 매우 크다는 걸 실감했습니다. 앞으로도 자라는 아이들을 위해서, 남고 여고 가릴 것 없이, 대안학교 제도권 학교 가릴 것 없이 페미니즘 교육을 반드시 수업에도 넣고 생활에서도 넣어야 한다고 생각해요. 동백작은학교 친구들의 평등한 생활과 조화로움을 보니 그런 확신이 생겼어요. 다숲

중학생 664명을 대상으로 한 「학생의 성 권리 인식 및 경험 실태조사」 결과를 보면 전체의 40퍼센트가량이 여성·남성·성소수자 비하 표현이나 패드립**을 사용한

- 교육기본법 제2조
- 패륜적인 즉흥 발화. 즉흥 연기나 연주를 뜻하는 '애드리브'에서 따온 '드립'과 '패륜'의 합성어로, 2010년대부터 널리 쓰인 인터넷 용어다.

경험이 있고 이 중 여학생이 17.2퍼센트, 남학생이
61.1퍼센트로, 남학생이 압도적으로 비하 표현을 많이
사용했다. 이들이 썼던 비하 표현의 종류는 패드립
87.4퍼센트, 여성 비하 표현 47퍼센트, 성소수자 비하
표현이 30.9퍼센트였고 남성 비하 표현은 21.4퍼센트였다.[•]

　　　2020년도 한국여성정책연구원에서 초·중·고등학생
8921명을 대상으로 학교 성교육에 대한 인식을 조사한
연구보고서에 따르면 학생들은 학교 성교육이 성을
이해하는 데 실질적인 도움이 되지 않고(여성 46.8퍼센트,
남성 34.1퍼센트), 청소년들이 원하는 성적 지식과 정보를
알려주지 않는다(여성 47.3퍼센트, 남성 34.4퍼센트)고 느낀다.
지식이나 정보를 얻기도, 다른 성을 이해하고 존중하는
방법을 배우기도 어렵다는 것이다.[••]

> 민주주의 기반이 약자에 대한 배려를 기본적으로
> 갖고 있기 때문에 저는 페미니즘이 인권 교육의
> 하나로 반드시 필요하다고 봐요. 그리고, 사회
> 기득권 계층들이 페미니즘 갖고 장사하는 걸 너무
> 많이 봐서 저는 페미니즘이 정말 제대로 좀 교육이
> 돼야 한다고 생각을 해요. 양육자2

[•]　『오마이뉴스』 "섹드립·성폭력 만연한 교실, 아이들이 위험하다",
　　2017.12.12.
[••]　『한겨레21』 프로젝트 '너머n' 1340호, "성관계 그림은 '성문란'인가요?",
　　2020.11.28.

"저도 페미니즘에 대해 잘 모르지만"이라고 운을 뗀
양육자2는 그럼에도 페미니즘이 제대로 교육되어야
한다는 확신을 표했다. 딸이 동백작은학교를 1년 다닌 뒤
"자기주장이 강해져서 힘들긴 한데" 이 교육이 중요하다는
것은 의심하지 않는다.

> 뭐라 정의를 내리기 어렵지만 저는 모든 교육이
> 반폭력적이고 반배타적이고 민주적이어야 된다고
> 생각해요. 성교육도 마찬가지고요. 양육자2

양육자2는 사회에서 만나본 페미니스트들에 대해 좋지
않은 인식이 많았다. 대부분 "대화하기 힘든 상대"였다고
한다. 말 한마디가 조심스러웠고 조금만 말을 잘못하면
'남성이라서 이해 못 한다'라는 태도여서 불편했다는
것이다. 그런 경험을 통해 페미니즘을 여성 우월주의로
이해하는 사람도 많다며 안타까운 마음도 드러냈다.
　　별개로 양육자로서 그는 페미니즘 교육이 인권
교육의 한 형태로서 필수적이라는 데 동의한다. 특히
동백작은학교에서 아이가 성장해가는 것을 보며 이러한
교육이 학교에서, 청소년들에게 반드시 이루어져야 한다고

강조했다.

성 권리는 성숙한 민주 사회에서 보장하는 기본 인권이다. 많은 전문가가 성평등과 권리교육이 결합된 포괄적 성교육의 필요를 말해왔다. 이미 학교 페미니즘 교육에 대한 논의는 다양한 연구 결과를 통해서도 그 당위성이 입증되고 있다. 동백작은학교에 새로운 학생이 입학하기 전 양육자들은 포괄적 성교육 및 페미니즘 교육을 필수로 수강한다. 사회가 '불편한 것' 취급하는 페미니즘을 공동체 구성원들과 나누는 첫 시작인 셈이다. 그리고 구성원들은 다양한 성평등 교육을 통해 서로의 성찰과 비판을 끊임없이 나누며 고정되지 않는 성평등 문화를 유연하게 만들어간다. 변화를 만드는 힘이야말로 페미니즘이 가진 역량이다.

거리 위의 여성 청소년들

12·3 내란 사건 직후 동백의 학생들은 분노하며 바로 거리로 나섰다. 집회가 미처 준비되지 않았을 때 앞장서 타악기를 두드리고 몸짓을 곁들이며 재능을 펼쳤다. 평소 조금만 걸어도 힘들다던 친구들이 집회만 나가면 기운을 얻는지 누구 하나 지치지 않았다. 학생들이 공연을 시작하고 점점 많은 사람이 모였다. 제주 시청 앞은 매일매일 따뜻한 온기로 가득 찼다. 집회 3일째부터는 사회자가 늘 평등한 집회를 위한 약속을 읽었다. 서두에 항상 각 집단을 호명하기도 잊지 않았다. "장애인분들 오셨습니까? 성소수자분들 오셨습니까? 청소년분들 오셨습니까?" 도민들은 환호했다. 광장에서 모두가 주체가 되었다.

그러는 사이 수능을 마친 제주의 청소년들이 하나둘 늘어, 어느새 집단이 되었다. 동백 친구들은 여남이 섞여 있지만 제주 제도권 학교에서 온 청소년들은 눈으로 봐도 90퍼센트가 여성 청소년이었다. 처음에는 어색한 듯 두려운 듯하던 그들이 다음 날부터는 줄곧 맨 앞자리를 차지하고, 기발한 발언과 피켓들로 광장의 열기를 더해주었다.

여성 청소년들의 참여는 날마다 날마다 늘어났다. 그들이 손에 쥔 응원봉은 광장에서 가장 강렬한 빛으로 빛났다. 케이팝 팬 청소년들에게 응원봉은 용돈을 털어 마음먹고 장만하는 아주 귀한 물건이다. 이것을 들고 광장에 모인 여성 청소년들이 외치는 민주주의가, 그 간절한 뜻이 빛과 함께 전해졌다.

평등한 집회를 위한 약속들에 더 많은 평등의 약속들이
덧붙여졌다. 혐오 발언을 하지 않으며, 여성, 어린이, 성소수자,
장애인, 청소년, 이주민 등 소수자를 배제하는 언어를 사용하지
않으며, 청소년들에게 '어린데 기특하다' 등 차별적 언어를
사용하지 않겠다고 함께 약속했다. "어린 친구가 어떻게
여기까지 왔냐, 미안하다" 하던 어른들도 청소년을 평등한
주체로 대하는 법을 배우기 시작했다. 어느 순간부터는 자유
발언 시간이 오면 여성 청소년들이 서로 하겠다고 나섰다.
주로 여학생들은 발언을 꺼리는, 제도권 학교의 교실과는 사뭇
다른 풍경이다. 동백 학생들 사이에도 발언 경쟁이 붙었다.
우리끼리야 늘 왁자지껄 지냈지만 시국에도 이렇게 적극적인
친구들이었나 싶을 정도로, 시민으로서 직접 광장에 참여하는
새로운 기쁨이 비쳤다.

동백작은학교는 모두가 페미니즘을 공부하고 함께 움직이다
보니 이제까지 따로 페미니즘 동아리는 없었다. 그런데 이번에
다른 학교 여성 청소년들과 만나고 집회의 성평등 약속을
외치면서 동백 친구들은 뚝딱, 페미니즘 동아리를 만들었다.
이름은 올페미, 로고는 올빼미, 동백에 국한되지 않고 더 많은
이와 소통하기 위한 동아리다. 거리의 연대를 맛본 청소년들이
앞으로 어떤 연대를 이어갈지, All:Femi의 활약을 기대하시라!

여성은 지워지지 않는다

전국적으로도, 광장에 나온 시민 여성들 이야기가 연일
보도되었다. 마치 이전에는 광장에, 정치운동에 여성이
없었던 것처럼 기특하다는 뉘앙스로 이야기하는 것이 내내
못마땅했다. 하지만 우리는 알고 있다. 언제나 여성과 여성
청소년들은 광장에 존재했다. 가부장제 사회에서 수많은
차별과 폭력을 겪으며 이미 계속 연대하고 저항해왔던
여성들의 경험이 국가 위기 순간에도 빛났던 것이다. 또한
수많은 남성이 광장을 등지고 나서지 않았기에 더욱 드러났던
것이다.

　　여전히, 페미니즘의 목소리를 내는 여성들에게는 조롱이
쏟아진다. 광장에는 여전히 수많은 차별과 폭력이 존재한다.
그러나 성평등에 역행하는 자가 대통령이 된 세상에서 제대로
된 민주주의는 실현될 수 없다. 우리는 페미니스트들이 가는
곳에 비로소 평화가 존재하는 현재를 목도하고 있다. 눈이
쏟아지는 거리에서 '다시 만난 세계'를 꿈꾸며 자리를 지킨
여성들을 다시는 잊지 않길 바란다.

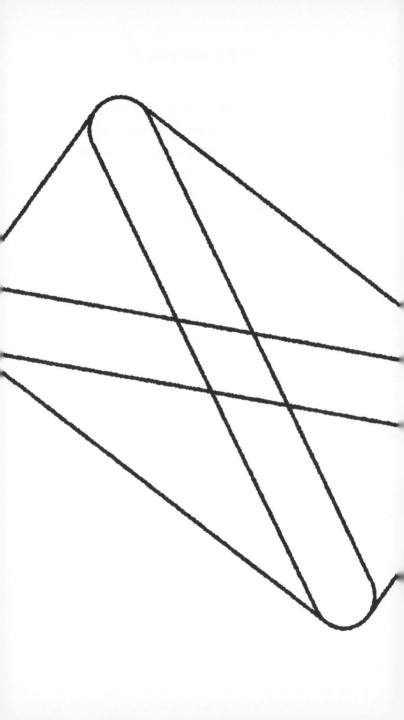

7장 청소년들이 만든 성평등 문화

변화하는 학교 공간

공적 공간은 종종 사회의 중립적인 영역으로 인식되지만 젠더화된 문화와 사회적 관계가 반영된 결과물이다. 때문에 사회 구성원들의 지향에 따라 '자연스럽다'고 여겨지는 공간의 모습도 바뀐다. 그렇다면 성평등을 힘껏 지향하는 동백작은학교의 공간은 어떻게 변화하고 있을까?

> 동백에 가고부터 차별적인 상황을 아이가 이야기한 적이 없었어요. 그리고 지향점이 분명하고, 교과 과정이라든가 일상생활에서도 문제점을 느끼지 못했어요. 아이들 스스로 젠더 평등 선언식을 진행한다든가, 그 과정에서 직접 성평등 책을 읽고 문구를 학교 곳곳에 붙여둔다든가, 교내에만은 성중립 화장실을 두기로 하는 그 과정 자체가 하나의 새로운 경험이자 정말 소중한 배움의 기회라 생각해요. 양육자1

> 성소수자들이 세상에서 많은 차별을 받잖아요. 저는 그분들도 우리 학교에서는 되게 안전하다 느낄 것

> 같아요. 저희가 책을 읽고 곳곳에 붙인 평등 문구들
> 그리고 저희가 만든 포스터들을 보면요. 붙인 문구는
> 다 당연한 말들인데 제도권 학교에 붙였으면 막 난리
> 났을 거예요. 하준

동백작은학교 곳곳에는 페미니즘 책 구절들이 붙어 있다.
계단 칸칸마다, 냉장고에도 화장실에도, 눈길이 닿는 모든
곳에서 인식을 일깨울 수 있도록 학생들이 직접 좋아하는
문구들을 골라 붙여놓았다. 스스로 정하고 다 함께 만든 이
공간에 학생들은 애정을 느낀다.

> 말해도 되나요? 사실 저 노브라로 다니는 편인데
> 아주 편합니다. 진짜 좋아요. 예전 학교였으면 꿈도
> 못 꿀 일이죠. 노브라로 다녀도 크게 불편하지 않을
> 수 있는 공간을 저는 학교 페미니즘이 제공했다고
> 봐요. 희수

희수도 처음에는 '보기에 괜찮냐'고 계속 물어보거나, 다른
사람들보다 오히려 본인이 눈치를 보며 가슴을 가리곤
했다. 몸이 편하다고 해도 '불편한' 이유는 노브라를

바라보는 사회의 시선을 잘 알고 있기 때문이다. 신경 쓰던 희수도 노브라를 이상하게 바라보는 시선이 여기에는 없다고 인식하자 곧 편해졌다. 마치 사회의 한 가지 억압에서 해방된 것처럼 스스로 뿌듯해하고, 행복해했다.

또 한 가지 함께 만든 동백의 공간 변화는 화장실의 성별 구분을 없앤 것이다. 사회적으로는 여성 대상 각종 범죄가 일어나는 공간이기에 거부감이 들 수도 있는 아이디어였지만 동백작은학교에서 생활하는 구성원들은 자연스럽게 '모두의 화장실'에 이르렀다. 이쪽 공간이 비어 있는데 여자라서 혹은 남자라서 못 들어가는 일이 부자연스럽다고 느낀 것이다.

우리 학교는 모두의 화장실을 사용하니까 이제 그게 더 익숙해졌어요. 당연히 그래야만 한다는 상식을 깨면 평등의 관점에서 다양한 시선으로 실천을 할 수 있는 것 같아요. 직접 사용해보니 오히려 여자, 남자 상관없이 그냥 빈 곳에 들어가면 되니까 훨씬 편하고 공동체 구성원 간 성평등한 문화가 잘 정착되어 있다면 모두의 화장실이 훨씬 더 편하고 좋은 것 같아요. 다숲

새로운 시도에는 규칙은 물론이고 그 규칙을 반드시
지키도록 만드는 분위기도 필요하다. 예를 들어 남성들도
반드시 앉아서 볼일을 봐야 한다는 규칙 그리고 지키지
않았을 시 용서치 않는 분위기다. 샤워실도 마찬가지다.
동백에는 1인 샤워실들이 있고, 공간 이용에 성별 분리
규칙은 없다.

> 처음에는 괜찮을까 걱정이 되었는데 서로 노크를
> 더 잘하게 되고 그전보다 더 배려가 생기는 거예요.
> 하나도 안 불편하고 오히려 화장실, 샤워실도 더
> 깨끗하게 쓰더라고요. 우주

무엇보다 바뀐 공간에 당사자들이 만족한다는 점이 의미가
크다. 모두의 화장실은 공동체의 성평등 문화 속에서
자연스럽게 파생된다.

실외 공간은 어떨까? 화장실, 탈의실, 샤워실이
아니라도 사회가 암묵적으로 규정해놓은 젠더 공간이
존재한다. 예를 들면 학교 운동장이 그렇다.

저는 솔직히 동백에서 축구 수업을 처음엔 많이 꺼렸거든요. 제가 체력이 약하다고 생각해서이기도 하지만 (이전 학교에서의) 축구 경험 때문이었어요. 늘 축구 수업에서 뭔가 정해진 규칙처럼 배제되었던 것 같아요. 여학생들은 '당연히 하기 싫어하겠지' 하면서 제한을 두고, 그러면 우리도 '우리는 억지로 하는 거구나' 하게 되는 거죠. 그런데 동백에서는 축구하는 게 너무 재미있는 거예요. 그 순간만큼은 그냥 축구 선수. 사실 남학생들은 커가면서 근육도 많아지고 체격도 커지잖아요. 물론 그런 물리적인 한계는 있을 수 있지만, 우리 학교에는 선수만큼의 실력을 갖춘 친구들은 없어서인지 (물론 다 잘해요☺) 크게 피지컬 면에서도 차별이 될 것도 없어요. □□(남학생)가 ○○(여학생)한테 경기 도중 부딪혀 튕겨 나갔을 때 너무 재미있었어요. 저는 제가 축구를 좋아하는지 몰랐어요. 왜냐면 제가 학교라는 곳에서 배운 건 여학생들은 당연히 축구를 좋아하지 않는다는 공식이었으니까요. 우주

제도권 학교의 운동장은 학년이 올라갈수록 남학생들만의

공간이 된다. 하지만 동백작은학교의 운동장에는
이런 구분이 없다. 모두가 잘하든 못하든 즐길 수 있는
성평등한 운동장이다. 이 차이는 교사가 운동장 사용
시간을 동등하게 정해주거나 하는 등의 노력으로 되는
것이 아니다. 학생들이 구별 없이 어울려도 된다는 걸
느끼고 실제로 그렇게 어울려야만 가능하다. 이런 공간
변화의 중심에 페미니즘 교육이 있다는 것을, 동백은 이제
경험으로 알고 있다.

지속 가능한 페미니즘

청소년들이 성평등을 당연한 가치로 함께 인식하게 되면
페미니즘 실천은 문화로 정착해간다. 자신만의 언어를
찾기 위해 스스로 공부하고, 자발적으로 찾아 읽고
행동하며 서로의 실천을 공유한다. 이런 문화가 정착되면
사회의 다양한 차별적 언어를 점검해 서로 주의하고,
성평등 언어를 궁리해 적용하는 일상을 편안하게 느낀다.
제도권 학교의 또래 문화를 이미 최소 수년은 겪은 10대

청소년들이 '외모 평가'가 차별임을 인식하고 예쁘다는 말조차 사용하지 않기로 합의하기까지는 많은 시간이 필요하지도 않다. 다만 이를 지속적으로 주의하고 실천하도록 하는 공동체 문화와, 페미니스트 교사가 필요하다.

> 모든 학교에 페미니스트 교사가 반드시 있어야 해요. 학생들이 일상에서 페미니즘을 어렵지 않게 인식할 수 있게 도와주는 교사요. 저는 그게 가장 큰 힘이고 지속 가능한 문화를 만드는 핵심이라고 생각해요. 그리고 학교 구성원 모두 교사는 물론 페미니즘 교과 영역을 강하게 지지해야 해요. 한국 사회에서 페미니즘 수업을 하고 학생들에게 성평등을 가르친다는 것이 큰 위험을 감수하는 일이고 그런 교사가 별말을 다 듣는다는 걸 잘 알고 있어요. 하지만 정말로 학생들이 평등한 주체로 살아가도록 가르치고 싶다면 페미니스트 선생님이 필요합니다.
>
> 개구리

개구리는 동백작은학교의 변화에 함께하면서 페미니스트

교육자의 필요를 더욱 확신하게 되었다. 페미니스트 페다고지를 실천하는 교사는 학생-교사의 지식 권력 관계의 경계를 허물어뜨리며 서로의 목소리를 귀담아듣고, 성평등 문화가 잘 정착하도록 돕는다. 함께 고민할 수 있는 질문들을 지속적으로 던져 구성원들이 더 나은 삶을 상상하며 나아갈 수 있게 한다.

> 제가 예전에 다니던 학교에서는 여자애들이 남자랑 놀면 여우다, 막 꼬리 치고 다닌다 이러면서 은근히 따돌리기도 하고, 불편한 말들을 했거든요. 저는 동성 이성 상관없이 활동적인 애들하고 노는 게 좋았어요. 운동장에서 막 뛰어놀고 싶었는데 초등학교 6학년 때 여학생들은 운동장에서 놀지 않았어요. 여기는 그런 게 없어서 너무 좋아요. 그냥 제가 편한 사람들과 놀면 되는 거니까 오히려 제 안에 여남 구분이 사라진 것 같아요. 상민

대부분 학생이 학교라는 공간에서 경험하는 젠더 이분법은 이 세상에 여성과 남성 두 개의 젠더가 존재한다는 인식이다. 그리고 각 젠더에 따라 '보통 여자는 이래야

한다' 같은 제약을 학습시킨다. 하지만 젠더 이분법과 같은 규범을 의심하도록 가르치고 성별 고정관념을 따르지 않는 문화를 만들면 상민의 말처럼, 내면의 성별 구분과 이에 따른 제약은 사라진다.

> 저는 학교에서 페미니즘 네 글자를 내걸고 수업을 개설할 수 있다는 것이 굉장히 자랑스럽습니다. 페미니즘 안에서 아이들과 성평등에 대한 다양한 시사 이슈를 접하고, 중학생들도 처음부터 재미있게 배우고 있는 것을 알아요. 만족도도 꽤 높지요.
>
> 만약에 이 학교에서 교사 생활을 하지 않았다면 저는 뭘 불편해야 하는지도 모르고 남성으로, 사회가 요구하는 성 역할 규범에 익숙해져 살았을 것 같아요. 그런데 페미니즘과 지속 가능한 평등이라는 것을 계속 생각하게 만드는 환경에 노출되면서 나를 계속 점검하고 고민하는 일이 삶으로 이어진 거죠. 100퍼센트는 아니지만 연결하려고 노력하고 있다는 말이 맞겠네요. 다숲

문화는 하루아침에 형성되지 않는다. 또한 교사 한 사람의

노력만으로는 유지될 수 없다. 모든 구성원이 함께 지향하고 동참해야 한다. 학생-양육자-교사 삼주체가 조화롭게 서로 힘을 실어주고 받을 때 학교 페미니즘은 가장 큰 문화적 지속 가능성을 발휘하게 된다.

　　　학생 주도 행사와 제각각의 주제 학습이 주가 되는 만큼 교과별 등수나 상벌이 없는 동백작은학교이지만, 그런 동백에서 모두가 선망하는 상이 있다. 바로 '빛나는 젠더감수성상' 즉 젠더 감수성이 뛰어난 사람에게 주어지는 상이다.

> 이 상을 제가 정말 받고 싶었어요. 무엇보다 빛나는 상이잖아요. 와, 저 진짜 많이 공부하고 노력했어요. 그 어떤 상보다 저에겐 값진 상이에요. 진짜 어디 자랑하고 싶어요. 희수

동백작은학교에서 이 상을 받은 학생들은 큰 자부심과 뿌듯함을 느낀다. 또 많은 학생이 부러워하기도 한다. '젠더 골든벨'을 울려 이 상의 주인이 가려지는 순간을 모두가 축제처럼 여긴다는 사실이 곧, 동백이 지금 함께 만들어가고 있는 문화의 방향성을 잘 보여준다.

질문하는 교실

어느 순간부터 나는 도입, 전개, 결론을 예상하지 않고
수업을 하게 됐다. 동백의 페미니즘 수업은 교사의
가르침만으로 진행되지 않는다. 여기저기서 자연스럽게
자기 이야기를 하기 시작하고 생각을 털어놓기 시작한다.
처음에는 수업계획안을 잘 짜고 그대로 가르침을 전하려고
했다. 그것이 성평등 교육에 오랜 시간 몸담아온 나의
경험치라고 여겼다. 하지만 언젠가부터 이러한 계획안은
누구를 위한 것인가 의아해졌다. 애초에 학교의 시간표는
누구를 위한 형식일까? 학생들이 한창 몰입할 때라도
교사는 시간에 맞춰 끝내야 하고 학생들은 몰입이 끊긴
자리에서 잠시 쉬다가 전혀 다른 교과를 듣는다. 이런 반복은
학생들 스스로가 비판적 사고를 할 여지를 남기기 어렵다.
　　　나는 수업계획안을 버리고 학생들의 이야기를 듣기
시작했다. 수업계획안을 따라, 내용을 빠짐없이, 시간에
맞추어 전하는 것이 의미 없다 느껴지는 순간이 많았기
때문이다. 무엇보다 그들의 감각적이고 솔직한 이야기가
너무 흥미로웠다. 그들은 자신들의 이야기를 더 털어놓고
싶어하고 그만큼 끝도 없이 이야기가 펼쳐졌다. 이렇게 할

애기가 많은데 어찌 담아두고 있었을까? 학생들은 '말해도 괜찮다'고 느낀 순간 평소에 꽁꽁 감춰두었던 이야기들을 풀어놓았다. 정답이 없는 이야기들이기에 누구든 평등하게 자신 있게 말할 수 있었다.

> 처음에는 페미니즘이 진입 장벽이 높고 어려울 줄 알았는데 동백에서는 엄청 쉽게 배울 수 있어서 좋았어요. 수업 분위기가 워낙 자유로워서 더 즐겁고 편안했고요. 페미니즘을 모르는 사람이 너무 많아서 배운 걸 전파시키고 싶어요. 청소년으로서, 사회를 바꾸기 위해 뭐라도 하고 싶어요. 주아

하지만 주아는 어떻게 해야 할지 "막연하다"고도 털어놓았다. 동백에서는 "나쁘게 생각하지 않을 걸 아니까 털어놓고 분노할 수 있"지만 밖에서는 그렇지 않다는 것 또한 알기 때문이다. 그렇다. 동백작은학교의 페미니즘 수업에서 학생들의 이야기가 이토록 끊이지 않는 데는 '여기서만 이런 얘기를 이만큼 할 수 있다'는 이유가 있다. 안전한 장소가 있을 때 학생들은 자신을 꺼내놓는다. 그리고 질문한다.

미투운동 조사하고 발표했을 때 제가 질문을 좀
많이 했죠?☺ 사실 너무너무 화가 나기도 하고 이런
성폭력을 제 친구들조차 잘 모르고 있고 어른들도
모르고 있고, 너무 속상하고 궁금했어요. 대체 왜
이러나 싶어서. 동백에서는 모두가 페미니즘을 알고
있다는 것만으로도, 어떤 질문이든 해도 괜찮을 것
같았어요. **주아**

청소년들의 질문은 과거와 현재를 잇는 소중한 기록이다.
그들의 분노와 의문은 교육자에게도 중요한 배움이 된다.
동백의 페미니즘 수업에서 형식을 지우고 참여와 질문
비중을 키운 결정은 학생들에게도, 교사인 내게도 귀한
경험을 주고 있다.

　　주아의 말처럼 모두가 페미니즘을 알고 있다고
인식하는 것만으로도 '말해도 괜찮다'는 안전감이 주어진다.
청소년들은 페미니즘에 대해 궁금하고 알고 싶지만
제대로 알 수 있는 통로가 없다. 비단 학교가 아니더라도
청소년들이 차별과 혐오가 무엇인지, 이러한 일들이 왜
일어나고 이것은 페미니즘과 어떤 연결 지점이 있는지
궁금한 것들을 풀어갈 수 있는 다양한 프로그램 및 공간이

필요하다.

페미니즘 교육은 질문하는 법을 배우는 교육이
되어야 한다. 교실은 배우는 자의 이야기로 가득 차야 한다.
어느 순간 질문은 교사를 향해 있지 않고 배우는 자들끼리
서로 묻고 이야기하기 시작한다. 누구든지 대답을 하고
또 질문을 던진다. 무엇이 평등한 것인지, 정체성이란
무엇인지, 가부장제란 무엇인지, 세상의 이 많은 경계는
대체 누가 만들어놓았는지, 당연하다 생각한 것들에 의문을
갖고 서로의 관점을 나누며 학생들은 세상을 바라보는
연습을 하게 된다.

이에 비해 수동적으로 듣기만 하는 수업은
학생에게 남는 것이 현저히 적다. 질문이 많은 교실은
학생들의 이야기를 통해 배움이 이어지기 때문에 그
자체로 학생들에게 동기 부여가 된다. 수업이 이루어지는
동안 학생들이 짓는 흥미로운 표정과 몸짓들을 보면
동백작은학교에서 함께하는 페미니즘 수업이 이들에게
신나는 탐험임을 알 수 있다.

때문에 제도권 성교육이 배움 당사자가 아닌
기성세대의 정치적 입맛에 맞춰 매뉴얼화되어 있는 현실이
안타까울 수밖에 없다. 성교육 관련 교과서도 지침서도

나오지만 정말 중요한 내용들을 표면적인 문제의식으로만
나루고 막연히 '개개인의 의지'에 맡겨버린다. 참여할 수
있는 토론의 장을 열어주고 교사의 적절한 방향성 안에서
학생들이 답을 찾아갈 수 있는 환경을 조성해주어야
한다. 삶으로 이어지지 않은 겉핥기식, 주입식 성교육은
학생들에게 의미가 없다. 한편 지금 우리 사회의 성평등
교육은 교사의 적극적인 판단과 방향 제시 없이는
불가능하다. 학습자의 능동성뿐 아니라 교사 교육도
필요하다.

　　내가 현장에서 겪어본바, 페미니즘 지식을 기반으로
차별, 폭력, 성범죄, 여성 억압 같은 이슈를 깊이 있게
비판하고 풀어가도록 가르치지 않으면 이 사회의 문제들은
쳇바퀴 돌 듯 반복될 뿐이다. 그리고 학생들은 주아와 같이
"대체 왜 이러나" 하는 답답함과 분노를 품으면서도 질문할
곳을 찾지 못하게 된다.

　　내 경우 학기 초에 학생들에게 어떤 주제들로
수업을 할지 소개를 한다. 하지만 수업계획안은 학생이
아닌 교사 중심으로 만들어진 안이다. 교생실습을 할 때
50분짜리 수업을 도입, 전개, 결론 대본까지 짜서 발표하고
실행한 적이 있다. 지금도 그렇게 시행되고 있는 것으로

안다. 그 계획안대로 해내면 유능한 교사였던 시절이 있다. 하지만 동백에서는 그 방식을 완전히 지웠다. 페미니즘 수업은 학생 발표와 질문들로 대부분 진행된다. 수업을 마칠 시간이 되면 학생들의 욕구에 따라 더 진행을 하기도 하고, 일단 중단하되 다음 시간에 이 이야기를 좀더 하기로 정하기도 한다. 50분 수업으로 나누지 않고 블록으로 운영이 되어 웬만한 과목들은 충분히 깊게 들어갈 수 있는 편이지만 그마저도 짧다고 느껴질 때가 많다.

수업에 대한 방향성만 있다면 수업계획안은 던져버려도 좋다. 다만, 그 교실이 청소년들의 언어로 가득 차도록 하자. 거기서부터 학생들의 비판적 사유가 이어지고 '실뜨기'가 시작된다.*

---

* 도나 해러웨이가 형상화하는 실뜨기(string figure)는 서로 영향을 주고받으며 이어지는, 반드시 함께 만들어내야 하는 과정이다. 어느 한쪽에서 놓아버리지 않는 한 끝나지 않으며 서로가 각각 주체와 대상이 되기를 반복한다.

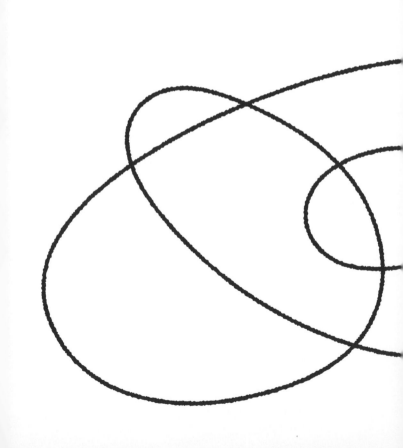

8장   어느 곳에 평화가 있는끼 보라

지금 학교가 할 수 있는 일

2022년의 교육 과정 개악에 이어, 2023년부터는 전국
공공도서관이 성교육 도서를 폐기하라는 민원으로 '금서
전쟁'에 차례로 휘말렸다. "불필요한 성적 호기심과 왜곡된
성인식을 심어주어 일탈을 초래할 수 있다"며 '청소년 유해
도서 제거 요청' 민원이 곳곳에 도착한 것이다. 단체들이
지목한 148권의 '유해 도서' 목록은 여성가족부가 선정한
'나다움 어린이책'과 거의 동일한데 대개 성평등과 젠더,
인권을 쉽게 풀어 쓴 책들이다. 한 도서관장은 민원이
'개인이 감당할 수 없는 수준'이었다고 말했다. 단체들이
지목한 희한하기 그지없는 기준의 검열로 그동안 우수
도서로 선정된 책들조차 열람이 제한되거나
반출·폐기되었다. 누구를 위한 것인지 알 수 없는 이
혼란스러운 정책들에 희생되는 것은 고스란히 10대들이다.

　　　학교 페미니즘 교육 의무화에 대한 국민 청원과
정확히 반대 방향으로 가는 사회 현실에서, 교육자는
무엇을 해야 할까? 동백작은학교를 세우고 운영하는
과정은 이에 대한 고민과 실천이었다. 그리고 동백을 통해
다음과 같은 주제들에 답을 찾아갈 수 있었다.

•　　『시사IN』 "도서관은 어떻게 금서전쟁에 휘말렸나", 2023.10.27.

❶ 페미니즘 교육이 다른 교과목과 동등하게 지식과 가치가 인정되고 교육 과정으로 구성되었을 때, 현장에서 청소년들의 역량 변화는 어떻게 나타날까?

❷ 교사들은 교과 영역 또는 삶의 영역에서 페미니스트 페다고지를 어떻게 실현할 수 있을까?

❸ 학교 페미니즘 교육에서 양육자의 인식과 역할은 어떤 영향을 미치며, 양육자에게 페미니즘 교육이 수용되고 거부되는 지점은 어디일까?

❹ 학교 페미니즘은 '민주시민 양성'이라는 교육 목표에 어떻게 부합하는가?

❺ 성평등한 교육공동체의 지속을 위해 필요한 것은 무엇일까?

동백작은학교 구성원인 학생, 교사, 양육자의 이야기들과 지난 몇 년간 학교 페미니즘 교육을 실천한 소중한 과정과 결과들은 본문에 담았다.

동백의 교육 실험은 한국의 위험한 성평등 교육 현실에서 출발해 전면적 학교 페미니즘으로, 작지만 깊은 변화를 만들고자 한다. 우선 학교에서 페미니즘을 가르치지 않으면 기본적으로 학생들은 여성혐오 그리고 차별적 인식을 익히고 재생산한다. 교육으로 페미니즘에 긍정적 시각을 열어줌으로써 학생들은 많은 질문을 던지고 능동적으로 실천해갔지만, 페미니즘 교육을 지속적으로 한다고 하더라도 10대들에게서 성차별적인 발언이나 태도들은 여전히 드러났다. 하지만 평등을 지속적으로 가르치는 교육 공간에서 학생들은 무엇이든 자신의 목소리로 말할 수 있음을 경험으로 믿게 되었고 이러한 공간에서는 성차별이 일어나는 상황을 문제시하며 역설적으로 진정한 성평등이 시작되고 있다고 보였다.

차별에 대한 감수성을 갖게 된 이들은 '불편한 것'이 많아졌지만 오히려 각자의 일상에서 평등을 실천하는 전략을 적극 고민하기 시작했다. 그리고 학생, 교사, 양육자가 모두 동참하여 지속 가능한 성평등 문화를 만들어갔다. 구성원들의 의지와 합의에 따라 수업의 방식과 교육 공간이 변화해갔고 학생들의 보람과 만족도도 높았다.

매년 새롭게 바뀌는 학교 공간에서 함께하는 동안, 페미니즘은 여학생, 남학생 모두에게 자신들의 목소리를 마음껏 낼 수 있는 안전한 배움의 과정으로 인식되었다. 교사들 또한 다양한 교과와 삶 속 곳곳에 성평등 인식을 담아내고자 노력했으며 이는 교사들의 개별적 삶에도 큰 변화를 가져다주었다. 많은 학생이 자연스럽게 소수자의 삶에 관심을 가졌으며, 다양한 실천의 과정에서 페미니즘을 통해 새로운 인식 틀을 만들어가게 되었다. 당연히 어느 면에서도, 성평등 교육을 억압하고 페미니즘 악마화를 부추기는 한국 사회의 우려들(성교육을 하면 성소수자가 된다, 조현병에 걸린다, 무분별한 성관계를 한다, 여남 해체 시도다)은 나타나지 않았다.

학생들의 인식은 교육으로 변화한다. 인권, 기후 위기, 생태, 환경, 평화를 가르치면 문제를 바라보는 학생들의 시선과 태도가 변화해갔다. 페미니즘도 마찬가지다. 여전히 학교 밖에서는 여성혐오를 경험하지만 학교가 무엇을 믿도록 해주느냐에 따라 이들이 삶에서 실현하는 가치는 달라진다.

생산 이론은 재생산 이론가들이 인간을 교육 체제 안의 피동적 실체로 간주한 것을 비판하며, 실제로 학교 교육이 지배계급에 저항하는 '대항 이데올로기' 생산 장소가 될 수 있다고 설명한다. 즉 인간의 주체성^{agency}에 주목하여, 교사와 학생이 지배 체제에 저항하고 도전하여 기존 사회를 변혁할 수 있다고 보았다.[•] 변혁의 목전에서, 이룩한 역사가

[•]　　송현주, 2002.

퇴보하지 않고 더 나아갈 수 있도록 학교는 청소년들에게 주체로서의 목소리를 키워줘야 한다. 그들의 목소리에서 균열이 시작될 것이다.

교육으로 증명한다

우리는 종종 어떤 말은 '들을 가치도 없다'고 이야기한다. '들을 가치도 없는 말'은 세상에 얼마나 많을까? 예를 들어 페미니스트 교사인 내게 처음부터 선을 긋고 경계하며 '페미니스트는 정신병자'라는 주장에 공감하는 학생의 말이라면 어떨까? 페미니즘에 안 좋은 인식을 이미 가진 채, 남학생 기숙사 방에서 반페미니즘적 이야기들을 설파한다면? 그에게는 자신이 좋아하는 유튜버들이 페미니즘을 매도하는 말들이 논리적으로 들린다. 선택적 채널에서 입맛에 맞는 이야기들을 취하고 그게 '대중적 사실'이라고 믿는 동안 이들은 페미니즘이 무엇인지, 가부장제가 왜 문제적인지에는 귀 기울일 필요가 없다. 실제 어떤 말이 진정으로 무가치한가와 상관없이, 가치를 매기고 '듣지 않겠다'고 결정할 수 있게 하는 것은 때로 권력이다.

반면 동백작은학교에서는 이런 남학생들의 믿음을 '들을 가치도 없는 말'로 치부하지 않았다. 왜 그렇게 생각하는지를 물었고 시간을 들여 몇 번이고 가르쳤다. 물론 나는 학생들에게만 관대한 교사임을 인정한다. 주변에 널린 들을 가치도 없는 선동에 늘 귀 기울일 수는 없다. 나는 늘 날을 세우고 싸우는 사람이었고 지금도 그렇다. 들을 가치 없는 이야기를 귀담아듣는 일은 쉽지 않다. 하지만 교사로서 학생들을 만날 때는 조금 다르다. 다행히 나는 10대들과의 대화가 언제나 흥미진진하다. 페미니즘에 안 좋은 인식을 가진 학생들과의 대화라도 그렇다. 내가 질문을 던졌을 때 학생들이 찾아내는 답들 속에는 언제나 통하는 지점들이 있다. 그를 따라 질문을 이어가다 보면 어느새 서로 부딪히던 이야기들이 이해되고 스며드는 순간이 온다. 내가 반페미니즘적 사고를 학습한 남학생들에게 지속적으로 말 걸지 않았다면 동백 공동체는 결코 지금과 같지 못했을 것이다.

내가 추구하는 가치의 대척점에 선 듯한 타자와 마주하기란 정말 어려운 일이다. 하지만 벨 훅스가 말했듯 페미니즘 혁명의 기반은 "이원론을 파괴하고 지배 체제를 뿌리 뽑는 문화적 변혁"*이다. 문화를 바꿔야 하는 만큼 페미니즘 투쟁은 오래 지속될 수밖에 없다. 기존의 억압을 끝내기 위해 각자의 방식으로, 억압적 구조에 균열을 내며 멈추지 않고 투쟁해야 한다. 나는 투쟁의 방식으로, 경청하고 대화하는 교육공동체를 선택했다.

　학생들은 온라인에 혐오, 폭력, 갈등이 너무 많다고 호소한다. 그렇다면 어떤 곳에 평화가 있는지 살펴보아라. 나는 동백작은학교를 통해 청소년들에게, 억압받지 않는 평화를 보여주고 싶다. 이것이 학교 페미니즘 교육을 통해 내가 세상에 새기고 싶은 증명이다.

---

* 　벨 훅스, 2010, 250.

닫는 글

공동체는 분열된 삶에는 뿌리내릴 수 없다. 공동체
정신은 우리가 이 세상에 막 태어났을 때, 즉 분리를
겪기 이전의 통일된 자아 안에 이미 씨앗을 가지고
있다고 보아야 한다. 그 씨앗이 외적으로 발현해서
공동체의 형상을 띠게 되는 것이다. 따라서 우리는
먼저 자기 자신과 교감할 수 있어야 다른 사람과
더불어 공동체를 만들 수 있다.

— 파커 파머

동백작은학교 친구들은 사랑에 대해 자주 이야기한다.
진정으로 사랑한다는 건 무엇일까? 진정한 평등이란

무엇일까?

　　　가부장제의 역사는 인류의 진정한 사랑을
방해해왔다. 인류학자와 사회학자들은 가부장적인 핵가족
제도가 구성원 모두에게 결코 건전한 환경이 되지 못한다는
연구 결과를 속속 내놓고 있다. 핵가족화로 가정은
더욱 가부장적인 공간이 되고 사회와 단절되어버렸다.
동백작은학교의 공동체 지향은 이런 문제의식에서 온
것이다. 동백작은학교 학생들은 함께 자고 먹으며 많은
것을 나눈다. 그들은 동백 공동체를 가족이라 부른다.
벨 훅스는 가족이란 우리가 흔히 떠올리는 것보다 큰
영역이며, 핵가족은 그 안의 작은 조직일 뿐이라고 말했다.
동백은 그런 의미에서의 큰 가족이다. 그리고 아이들은
확대가족 또는 공동체에서 정신적으로 가장 건강하게 자랄
수 있다.

　　　학생뿐 아니라 교사와 양육자 모두가 이 가족의
일원이다. 동백 공동체는 확대된 가족으로서 서로의
생각들을 나누며 성장한다. 학생들은 공동체의 힘을
배우며, 자신의 다름을 나누기를 주저하지 않고 매주
열리는 가족회의에서 숙론의 장을 펼쳐간다. 함께 평등과
사랑을 고민하는 구성원으로서 이따금 서로의 힘을 모아

발휘하기도 한다.

재작년 동백작은학교는 성평등 교육을 했다는
이유로 극우단체로부터 공격을 받았다. 그해 연말
제주의 교육 관련 통계와 함께 올라온 기사에서 '잘못된
성교육으로 인한 민원 급증'을 다루며 동백작은학교를
언급했다. 이때 동백의 양육자들이 분노로 항의하고,
제주대안교육협의회에서 한목소리를 내주어 잘못된 기사
내용을 바꿀 수 있었다. 성평등한 교육 실현에서 양육자의
적극적인 태도와 실천은 힘이 세다. 이런 사정은 제도권
학교에서도 다르지 않을 것이다. 양육자가 이처럼 성평등
교육을 위해 나선다면 못 해낼 일 또한 없다. 힘을 합쳐야
더욱 평등한 세상으로 나아갈 수 있다는 단순한 진실, 이를
위해 공동체가 있다.

2024년 여름 대안교육연대에서 진행하는
워크숍으로 광주 삶디 센터라는 곳을 방문했다. 삶디는
청소년들이 자신이 바라는 삶을 살아가는 힘을 키울 수
있도록 돕는 곳이다. 청소년들의 발길이 향할 수 있도록
정성스레 구성되고 계속 변화해가는, 규격화되지 않은
공간을 운영한다. 무엇에도 관심이 없고 무기력하던 한
학생에게 '넌 뭐가 하고 싶니?' 묻고, 피규어를 만들고

싶다 말하자 그럴 수 있는 공간을 새로 만들어주었다.
새로 마련된 빈 공간에는 점점 더 많은 청소년이 모이더니
결국 이들이 피규어 대회에 나가서 잔뜩 상을 타 왔다.
무기력했던 그 학생은 늘 이 자리에 와서 몰입하고
연구하며 지낸다.

　　　언제부터 우리는 청소년의 공부를 국영수사과로
정했을까? 고정관념을 어디부터 깨뜨려야 청소년들이
원하는 다양한 배움이 공부라고 인정받을 수 있을까? 우리
사회에는 청소년을 위한 공간이 많지 않을뿐더러 어딜
가든 일단 돈을 써야 한다. 발길을 옮길 곳 없는 청소년들은
자극을 찾아 사이버 공간으로 들어간다. "너희는 만나면
뭐 하니?" 물으면 모두가 똑같이 이야기한다. 밥 사먹고,
노래방 가고, 인생네컷 찍고, PC방이나 오락실에 가거나
옷을 사러 간다. "돈 없으면 친구 못 만나죠." 모두가
끄덕인다. 모든 곳이 소비의 공간이다.

　　　한편 삶디는 누구든 와서 뭐든 즐기고 무언가를
만들어내는 생산의 공간이었다. 목공 기술을 공유하고
업사이클링을 배우고 음악을 만든다. 통유리로 개방되어
따로 또 함께 서로 자극받고 연결되는 이곳에서 청소년들은
돌봄과 다정함 역시 배우고 있었다. 삶디를 둘러보며 이런

방식으로 소통하는 청소년 페미니즘 공간을 상상해보았다. 무거운 이론을 떠나 성평등을 주제로 물건을 만들고 이런저런 발상을 나누며 다양한 시도를 해보는 공간이 절실하다 여겨졌다.

이런 공간이 넓어진다면 청소년들은 사이버 공간에서 혐오 댓글을 쏟아내는 대신 눈과 눈을 맞추고 삶의 경험과 기술을 나누며 살아갈 수 있을 것이다. 탈소비적 공동체 안에서 평등과 사랑의 언어를 배우고 있는 동백작은학교 학생들처럼 말이다.

동백의 페미니스트 페다고지 실험에 대해 들으면 가끔 사람들은 질문한다. "이런 것들이 효과가 있나요?" 힘이 빠지는 건 어쩔 수 없지만 기운차게 대답한다. "그럼요! 멈추지만 않으면 됩니다." 우리의 페미니즘 실천은 사회적 불평등이 '당연하지 않다'고 환기하며 끊임없이 균열을 만들고 있다. 내게 언제나 희망을 믿게 하는 동백의 작고 위대한 이야기가 독자들에게도 희망을 전할 수 있기를 바라며, 오늘도 빌어본다.

"가가호호 페미니즘이 가득 스며들어 세상 모든 종에게 진정한 사랑이 샘솟게 하소서!"

질문들

나는 청소년들이 던지는 질문을 좋아한다. 모든 질문은 누군가의 과거에서 현재로 던져져 문제화되는 과정이다. 질문에 귀 기울이면 무엇을 어떻게 문제 삼고 무엇이 바뀌어야 하는지 알 수 있다. 이 시간은 소중하다. 동백작은학교 청소년들의 질문을 모아보았다. 답은 여러분의 몫이다.

조금만 공부해도 페미니즘은 여성 우월주의가 아니고, 페미니스트는 여성 우월주의자가 아니라는 것을 알 수 있는데 어떻게 미디어나 인터넷에는 페미니즘이 여성 우월주의, 남성혐오로 알려지게 된 걸까요?

페미니즘을 배운 남학생이 인터넷 좀 하다 오면 다시 배우기 전과 똑같은 젠더 감수성을 보이는 경우, 그 학생은 다시 감수성이 높아질 수 있을까요? 그게 반복된다면 그 사람에게 페미니즘 교육이 의미가 있는 걸까요?

ㅎㅎㅎㅎ
정말 흥미롭다

저희가 배우는 페미니즘이 건강한 페미니즘이 맞냐는 질문을 들은 적이 있습니다. 건강하지 않은 페미니즘이라는 건 무슨 뜻인지 고민이 되었습니다. 페미니즘을 건강하지 않게 가르칠 수도 있는 건가요? 건강하지 못한 페미니즘이 따로 있는 건가요?

페미니즘을 우선 가르쳐보기나 하자!

흔히들 하는 '여남 사이에 친구가 어딨냐'는 말이 불편합니다. 여남이 함께 있으면 자꾸만 엮는 상황도요. 저는 당연히 여성과 남성이 친구일 수 있다고 생각하는데, 오해를 받으면서 친구와 서먹해지는 것도 속상합니다. 이성끼리 친구가 될 수 없다고 생각하는 사람들의 생각을 바꿀 수 있는 방법이 있을까요?

오, 불편한 지점이 점점 많아지기 시작했군!

제 주변 친구들은 페미니스트, 게이, 레즈비언을 정신병자라고 해요. 이런 말과 생각이 어디서 나오는 걸까요?

하……속상

페미니즘을 배우고 나서 불편하게 느껴지기 시작하는 것들이 있는데, 음악이나 영화가 대표적입니다. 예를 들어 예전에는 별문제 삼지 않았다고 하는데 여성혐오적 힙합 가사에 불쾌감을 표현하는 사람들이 생기기 시작했습니다. 유명 영화에도 젠더 감수성 없는 전개나 장면이 많은데, 여성혐오적인 창작물이라도 예술로 바라보아야만 하는 것일까요?

날씬한 여성의 영상과 인스타그램 피드에는 칭찬이 달리고 통통한 여성에게는 살을 좀 빼면 예쁠 것 같다, 왜 이렇게 뚱뚱하냐 하는 댓글들이 달리곤 합니다. 저도 그런 말들을 보며 아무도 시키지 않은 다이어트를 하려고 했고 다들 살을 빼고 싶어합니다. 왜, 언제부터 날씬한 여성이 미의 기준이 되었고 그 기준은 누가 세운 것일까요?

여성도 군대에 가야 한다고 주장하는 사람이 많습니다. 그래서 여성의 월경과 남성의 군대로 누가 더 힘든지 싸우는 모습을 SNS에서 볼 수 있는데 서로의 다름을 이해하고 존중하지 않고 왜 본인 성별의 힘듦을 더 과시하는 걸까요? 그리고 여성이 군대에 가지 않는 정확한 이유는 무엇일까요?

> 여성과 군대 관련 공부할 만한 좋은 주제!

임신 중지가 필요한 상황에는 남성의 책임도 있는 거잖아요. 그런데 사회는 임신 중지를 여성의 잘못처럼 인식시키고 있는 것 같아요. 우리 같은 청소년들이 임신 중지에 대해 올바른 인식을 가지려면 어떻게 해야 할까요?

> 많은 학교에 이 질문을 던지고 싶군!

해외에는 우리보다 성소수자들에게 친화적이고 페미니스트가 지지를 받는 나라들도 있잖아요. 한국은 왜 이렇게 성평등을 배척하는 문화가 자리 잡은 걸까요?

> 깊은 역사 공부가 되겠는걸~

인터넷을 보면, 남성과 여성이 서로를 깎아내리는 모습을 심심치 않게 볼 수 있습니다. 그저 남자라는 이유로 비난하고 갈등을 조성하며 자신들을 페미라고 칭하는 사람들 때문에 페미니스트의 이미지가 나빠진 것 아닐까요? 이런 페미니스트들을 우리는 어떻게 바라보아야 할지, 제대로 된 성평등 교육이 시행되고 이로써 페미니즘에 대한 인식이 개선되려면 얼마나 걸릴지 궁금합니다.

> 아이고 내가 그렇게 가르쳤는데!

페미니즘 수업에서 여성 위인에 대해 정말 자세히 배웠습니다. 이렇게 위대한 여성이 많고 세상의 반은 여성이니까 많은 것도 당연한 일인데 왜 흔한 'WHY' 책이라든지 여러 위인전에 남성만 많은 걸까요?

왜 사랑하는 사람끼리 결혼하면 안 되나요? 이성들끼리 결혼해야만 가족이라고 부를 수 있나요? 저는 동백 가족이 더 가족 같을 때가 있어요. 우리나라에서 가족의 보편적인 의미부터 바꿔야 하지 않을까요?

> 이 질문으로 쭉 이어가서 여성가족부 장관 하자!

페미니즘의 정확한 정의와 젠더 평등을 많은 사람에게 알리고 싶습니다. 계속 '페미'라는 말을 비하의 목적으로 사용하는 것이 마음 아픕니다. 어떻게, 어디에서 이야기해야 할까요? 인터넷 세상 속 페미니즘 혐오를 바꾸기에는 너무 늦은 것일까요?

> 언제나 지금 여기가 맨 앞

우리 사회는 오랫동안 남성만이 높이 올라갈 수 있는 남성 위주 사회였어요. 그런 문화는 여전하고 평등한 세상을 만들기 위해 페미니스트들이 있는 거잖아요. 하지만 많은 사람이 페미니스트를 남성을 혐오한다는 이유로 싫어합니다. 과연 누가 누구를 혐오하는 것일까요? 사실 사람들은 이 암울한 시대에 누구라도 혐오할 대상이 필요했던 건 아닐까요?

> 슬픈 시대를 살아내고 있는 청소년들……

모든 인간은 태어났을 때부터 평등하고 존중받아야 할 인권을 가지고 있다고 헌법이 명시하고 있는데 성소수자들은 왜 사회에서 차별과 억압, 부정적인 시선을 받아야 할까요?

페미니즘은 남성과 여성뿐 아니라 모든 젠더의 평등과 존중을 위한 것인데, 페미니즘을 검색하면 여성주의라고 번역됩니다. 페미니즘이 단순한 여성 우월주의라고 오해를 할 수 있을 법하다고 생각합니다. 이름 때문에 사람들이 페미니즘을 오해하게 되는 걸까요? 단어를 바꾼다면 오해가 조금이라도 사라지게 될까요?

해외의 페미니스트 뮤지션 너바나의 커트 코베인, 게이 뮤지션 퀸의 프레디 머큐리는 국내에서도 꾸준히 사랑받고 있는 아티스트들입니다. 하지만 우리는 한국인 성소수자와 페미니스트는 혐오하잖아요. 사람들이 페미니스트와 성소수자를 싫어하는 것은 선택적인 걸까요?

> 와! 흥미로운 질문!

참고문헌

국내외 문헌

권재원(2021)「페미니즘은 남성 혐오라고 말하는 남학생들에게」『우리교육』 286: 22–49.

김고연주(2006)「원조교제를 통해 본 청소년의 섹슈얼리티와 행위자성」 『청소년문화포럼』 14: 253–286.

김수자(2018)「학교현장에서의 페미니즘 교육실천에 관한 연구」, 성공회대학교.

김안나(2007)「교육사회학에서의 성 불평등 논의」『교육사회학연구』 17(2): 49–66.

김영옥(2005)「십대 여성의 섹슈얼리티: 재현과 현실 '사이'에서」 『청소년문화포럼』 11: 27–37.

── (2008)「우리 시대 페미니즘의 곤경과 페미니즘 페다고지의 비전」 『영미문학페미니즘』 16(1): 5–26.

김애라(2007)「학교교육 현장에서의 여학생의 규범에 대한 협상과 성적 경험에 관한 연구」, 이화여자대학교 대학원.

김현경(2022)「페미니즘 교육은 가능하다」 『페미니즘 연구』 22(1): 137–144.

김현미(1997)「여성주의 성교육을 위한 모색」『한국여성학』 13(2): 123–157.

남미자(2018)「청소년 페미니즘 운동 동향 분석」, 경기도교육연구원.

──(2019)「지금 여기, 청소년 페미니즘 운동의 의의」『교육비평』 43: 39–62.

나윤경(1999)「페미니스트 페다고지: 여성 학습자만을 위한 교수 방법인가?」 *Andragogy Today : International Journal of Adult& Continuing Education* 2(4): 55–76.

노지은(2016)「아시아 지역 월경 액티비즘과 성과재생산건강권 (SRHR)에 관한 연구」, 이화여자대학교 대학원.

더 케어 컬렉티브,『돌봄 선언』, 정소영 옮김, 니케북스, 2021.

도나 해러웨이(2023)『트러블과 함께하기』, 최유미 옮김, 마농지.

문순창(2019)「삶과 연계한 페미니즘 교과 통합 수업」『교육비평』 43: 242–270.

박연미(2005)「청소년기의 '개념화'와 청소년의 성: 1990년대 이후 청소년보호정책을 둘러싼 논쟁을 중심으로」, 서울대학교 대학원.

박종은(2009)「성인지적 관점에서 본 학교 성교육 지도서 분석」 성신여자대학교 대학원.

박혜림(2007)「1990년대 중반 이후 성교육 담론에 나타난 십대여성의 섹슈얼리티: 성적 주체의 추상화와 피해자화를 넘어서」『페미니즘 연구』 7(1): 239–272.

배유경(2018)「여성학/주의 교육을 위한 페미니스트 페다고지 전략 탐구」 『페미니즘 연구』 18(10), 345–376.

벨 훅스(2008)『벨 훅스, 경계 넘기를 가르치기』, 윤은진 옮김, 모티브북.

—— (2010)『페미니즘—주변에서 중심으로』, 윤은진 옮김, 모티브북.

—— (2012)『올 어바웃 러브』, 이영기 옮김, 책읽는수요일.

—— (2017)『모두를 위한 페미니즘』, 이경아 옮김, 문학동네.

송현주(2002)「대안적 패러다임으로서의 페미니스트 페다고지: 그 가능성을 찾아서」Andragogy Today 5(3): 1-28.

스티브 모튼(2005)『스피박 넘기』, 이운경 옮김, 앨피.

엄수정 외(2023)「학생 행위주체성 (student agency)을 지향하는 학교 수준의 교육과정 혁신 사례 연구」『교육과정연구』41(1), 237-264.

엄혜진(2016)「'여성혐오'는 어떻게 생산되고 소비되는가?: 젠더 교양교육의 방향과 과제」『후마니타스포럼』2(2), 39-62.

—— (2018)「페미니즘 교육은 (불)가능한가?」『한국여성학』34(3), 1-37.

—— (2019)「대학 여성학 교양교육 연구에 나타난 페미니스트 페다고지의 역사와 현재성」『한국여성학』35(3), 113-147.

엄혜진·신그리나(2019)「학교 성평등교육의 현실과 효과: 젠더 규범의 재-생산, '위험한' 성평등교육」『페미니즘연구』19(1), 51-90.

여성가족부(2016)『성인권(고등)』, 한국양성평등교육진흥원.

오재길(2017)「학생의 시민주체화 방안 연구」, 경기도교육연구원.

유진숙(2015)「자유주의적 성교육과 자기성결정권 개념에 대한 비판적 고찰」『아시아여성연구』54(1), 7-36.

이수민·김경식(2021)「'교차성(intersectionality)'의 렌즈로 본 여학생의 계층별 학업무기력 차이」『중등교육연구』69(3), 263-298.

이예슬(2020)「페미니즘 실천으로서의 성평등 교육: 초등 교사들의 경험과 협상」, 서울대학교 대학원.

이진영(2010)「젠더감수성(Gender Sensivity) 측정도구 개발에 관한 연구」, 이화여자대학교 대학원.

전희경(2013)「지역의 구체성과 만난 여성학 강의: 살림의료생협 여성주의 학교 프로그램을 중심으로」, 이화여대 여성학과 30주년 기념 학술마당 발표문.

정재원·이은아(2017)「'혐오'에서 '공존'으로: 교양교육의 역할과 여성주의 페다고지」『학습자중심교과교육학회지』17(20), 229-251.

정해숙(1998)「교과서에 나타난 성 불평등과 교사의 태도」『중등우리교육』99, 116-120.

정해숙 외(2010)「교과서의 성차별 실태분석 및 개선방안 연구」, 한국여성정책연구원.

정해숙 외(2013)『초·중등학교 양성평등교육 활성화 방안』, 한국여성정책연구원.

정희진 외(2018)『양성평등에 반대한다』, 교양인.

조한혜정(1998)「청소년 성문화: 성적 주체로서의 인식을 중심으로」『한국여성학』14(1), 7–40.

조현아(2016)「초·중등학교에서의 양성평등교육 방향과 전문 강사의 역할」『2016 전문강사 이슈포럼』자료집(미간행), 한국양성평등교육진흥원.

쥬리(2016)「청소년 혐오란 무엇인가」『오늘의 교육』34, 53–70.

진냥(2023)「안전: 안전하다는 판단은 누가 내리는가」『한국 교육의 오늘을 읽다』, 교육공동체 벗.

최유진 외(2016)『2016년 양성평등 실태조사 분석 연구』, 한국여성정책연구원.

최윤정 외(2021)「또래문화를 통해 본 청소년의 성평등 의식과 태도 연구(Ⅰ): 남녀 청소년의 또래문화와 젠더의식 격차 비교」, 한국여성정책연구원.

캐럴 길리건(1997)『다른 목소리로』, 허란주 옮김, 동녘.

캐럴 J. 아담스(2018)『육식의 성정치』, 류현 옮김, 이매진.

파울루 프레이리(2002)『페다고지』, 남경태 옮김, 그린비.

한우리 외(2018)『교차성x페미니즘』, 여성문화이론연구소(여이연).

한국여성연구소(2014)『젠더와 사회』21.

한국여성정책연구원(2013)「초·중등학교 양성평등교육 활성화방안연구보고서」

홍윤표(2005)「어리다와 어리석다」『새국어소식』80.

Allen, Jeanie K. & Bracken, Susan J., & Dean, Diane R.(2008) *Most College Students are Women*, Sterling: Stylus Publishing.

Brinskin, Linda & Coulter, R. P.(1992) "Feminist Pedagogy: Challenging the Normative", *Canadian Journal of Education* 17(3), 247–263.

Connell, R, W.(1996) "Teaching the Boys: New Research on Masculinity and Gender Strategies for Schools", *The teachers College Record*, 98(2), 206–235.

Hyde, J. S.(1996) *Half the human experience: The Psychology of Women*, MA: D.C. Heath and Company.

Hayes, E. R.(1995) "Adult women's learning in higher education: A critical review of scholarship", *Initiatives*, 57(1), 29–39.

Manicom, A.(1992) "Feminist Pedagogy: Transformations, Standpoints, and Politics", *Canadian Journal of Education* 17(3), 365–389.

Martin, K. A.(1998) "Becoming a Gendered Body: Practices of Preschools", *American Sociological Review* 63(4): 494–511.

UNESCO(2018) "International Technical Guidance on Sexuality Education".

Tisdell, E. J.(1998) "Poststructural feminist pedagogies: The possibilities and limitations of a feminist emancipatory adult learning theory and practice", *Adult Education Quarterly*, 48(3), 139–156.

기사

『시사IN』 "도서관은 어떻게 금서전쟁에 휘말렸나", 2023.10.27.

『여성신문』 "성소수자, 성평등 뺀 교육 과정… 교육부, UN 지적에 "사회적 합의 안 돼"", 2023.03.13.

『여성신문』 "김누리 중앙대 교수 "성교육이 가장 중요한 민주주의 교육"", 2024.01.10.

『여성신문』 "고어 남성성, 폭력을 자원화하고 상품화한다", 2024.06.19.

『오마이뉴스』 "섹드립·성폭력 만연한 교실, 아이들이 위험하다", 2017.12.12.

『오마이뉴스』 "십대들이 직접 만든 젠더평등연설문 들어보실래요?", 2023.10.21.

『일다』 "'페미니즘 교육'이 무엇인지 말해야 할 때다", 2020.11.29.

『중앙일보』 "20대 남성도 약자…성차별 덕 본건 페미니즘 찾는 4050", 2019.04.08.

『한겨레』 "페미니즘의 '불편한 진실' 민주주의를 확장시킨다", 2018.04.22.

『한겨레』 "[세상읽기]배이상헌, 직위해제당한 한국 성교육", 2019.12.15.

『한겨레』 "성관계 그림은 '성문란'인가요?", 2020.11.27.

『한겨레』 "성평등 없는 2022 교육 과정 확정 발표… "개정 아닌 개악"", 2022.12.22.

『한겨레』 "'OOO능욕방'딥페이크, 겹지인 노렸다…지역별·대학별·미성년까지", 2024.08.22.

『한겨레21』 1519호 "딥페이크·불법촬영… '디지털 폭력 산업' 얼굴을 찾아라".

『한겨레21』 프로젝트 '너머n' 1340호, "성관계 그림은 '성문란'인가요?".

국어, 수학, 페미니즘!
—학교에서 페미니즘을 필수 교과로 가르쳐보았다

1판 1쇄 인쇄	2025년 2월 10일
1판 1쇄 발행	2025년 3월 7일

지은이	이임주
편집	이두루
디자인	우유니

펴낸곳	봄알람
출판등록	2016년 7월 13일 2021–000006호
전자우편	we@baumealame.com
인스타그램	@baumealame
트위터(X)	@baumealame
홈페이지	baumealame.com

ISBN	979-11-89623-23-4 (03300)